億女

Hibiki Ichijyo

一条響

新宿歌舞伎町キャバクラ「FOURTY FIVE」キャスト兼ディレクター

売上モンスターキャバ嬢 一条響のつくりかた

OKUJO

講談社

撮影
下村一喜

Good
Morning!

Relax
at home

Strawberry
delicious!

Dressed
as a man

Thinking for
a moment......

億女

OKUJO

売上モンスターキャバ嬢一条響のつくりかた

はじめに

こんにちは！　一条響です。

このたび、人生ではじめての著書を出版させていただくことになりました。

歌舞伎町にあるキャバクラ店「FOURTY FIVE」に在籍して三年。

一九歳のころ、六本木からスタートしたキャバ嬢としてのキャリアは、かれこれ九年近くになります。


キャバクラで働きはじめた当初は、出勤も適当だし、お店のなかで破天荒な振る舞いをするしで、だれかのお手本になるようなキャバ嬢ではまったくなかったと思います。

そんな私ですが、多くのお客さまから応援していただき、二〇一八年のバーステイベントでは三日間で約一億三〇〇〇万円の売り上げを達成しました。

これまでも、「本を出してみませんか？」と声をかけていただくことはあったのですが、ずっとお断りしてきました。

正直に言うと、私はあまり自分のことを知ってください！　とアピールしたがるタイプではありません。性格的にも、人見知りしやすく、面倒くさがりやで、キャバ嬢向きではないとさえ思っています。

自分でも、本当によくここまで〝キャバ嬢　一条響〟としてやってこれたなっていうくらい、自分のことを人に話すのが苦手なんです。

こう見えて、自分のことを話すのってちょっと恥ずかしいし、ネガティブとは違うけれど、私程度の人間が偉そうに話していいの？　っていう気持ちもあった。私、がんばってます！　アピールもしたくないなって。

ぶっちゃけ、見えない努力のほうがかっこいいと思っていました。

「いままでこうやって努力してきました」

「私って、こうやって一条響になりました」
ってていうのをあえて自分から発信するのは私の流儀に合わないし、そう見せないほうがかっこいいかなって。

だけど、FOURTY FIVEでナンバーを上がって殿堂入りして、ナンバー争いをしなくなったことで、ちょっとずつ自分の心のなかにゆとりができるようになりました。ありがたいことに、殿堂入りした現在でも、売り上げは高いレベルでキープし続けられています。

お店では、キャスト兼ディレクターとして、女の子たちのマネジメントにも携わるようになりました。いままでは自分のことしか考えてこなかったけれど、女の子たちの相談に乗る立場になったことで、私の経験がだれかのためになるのなら、という思いが強くなりました。そして、自分が生きた証としてこういうふうに何かを残すのもいいかなって。

はじめに

私は、キャバ嬢として働きながら、まつ毛エクステサロン（Eye Sound）も経営しています。経営者としてはまだまだひよっこで、勉強中の身。でも、いちキャバ嬢としては、ある程度の成功例になれたんじゃないかな。

キャバ嬢としてやってきて、とくに大事だなと思っているのは、自己ブランディング。

自己ブランディングについては、キャバ嬢に限らず、どのお仕事でもけっこう大事なことだと思うんです。

何より私は、自分のために周囲の方からおカネを動かしてもらう能力を見つけたと思っていて、そういうことも伝えられたらいいなと思ってこの本を書きました。

最初にお伝えしておくと、一条響は、とにかく面倒くさがりやです（笑）。キャバ嬢をしていなかったらインスタグラムとかもしたくないくらい、もともとは自分を見せたくない性格なんです。

インスタはフォロワー数三八・九万人（二〇二一年一月二九日時点）です。じつは投稿をめっちゃマメにするタイプでもないのに、多くの方にフォローしていただいています。フォロワー数をどうやったら上げられるか？　なんて考えたことはないけれど、自分のなかでのルールみたいなものはあります。

ＳＮＳ上に、マイナスな発言や、腹が立った、悲しい、悔しいといった感情を投稿している方もいますが、私はいっさいしていません。

敵意のある書き込みを自分のＳＮＳに投稿する人もいますが、私はそれはやらない。ただ面倒くさいだけなのですが。

それに、そういうことを発信することによって、いっときの精神的解放感や快楽は得られるかもしれないけど、その後が余計面倒くさくなると思うんです。

私のそういうサバサバしたところが好きって言ってくださる方が多くて、ありがたいですね。

「響ちゃんはポジティブなことしか発信しない」とよく好意的にとらえていただきますが、私を好いてくれている人の趣向と私の面倒くさがりなところがマッチしたんだと思います。

SNSでの努力はあまりしていないから、そこはあまり参考にはならない……かも。

でも、むかつくなって思うときもぜんぜんありますし、見返したい、悔しいって感情は当然あります。だけどあえて発信せず、自分のなかに留めています。そこに関しては、ある意味努力なのかなって思っています。

SNSもだけど、お客さまへの連絡もマメじゃないタイプ。くわしくは本文で触れますが、「有名キャバ嬢で返事が返ってこないのは響だけ」って言われたこともあるくらい（笑）。だけど、私なりのお客さまとのコミュニケーショ

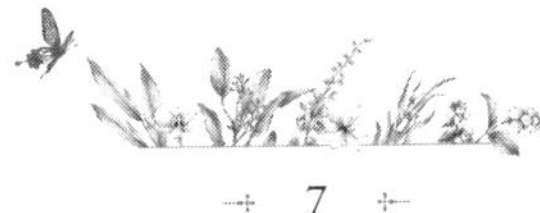

ンの取り方もあるので、対人関係の参考になれば幸いです。

私には、おそらく二つの自分がある、二重人格なんです。

キャバ嬢のときの自分と、プライベートのときの自分は正反対。キャバクラで働いているときはキャバ嬢の自分がめっちゃ好きだけど、家に帰るとプライベートの自分がめっちゃ好き。そのスイッチが切り替わるときが、いちばん脱力感がハンパない。

でもそれは、キャバ嬢としての仕事をやりきっているからこそだと思っています。中途半端に仕事をしていたら、いつスイッチを切り替えていいかわからないじゃないですか。

プライベートは超ネクラで、ほんとうに家が好き。

つまり、私にとってキャバ嬢になった時間帯というのは、〝一条響〟という女優になって演じきっている感じなんですね。セルフブランディングってそういうことが重要だと思うんです。

二〇二〇年は新型コロナウイルスの影響で、多くの方が影響を受けたと思います。この前書きを書いている現在、二度目の緊急事態宣言が発令されています（二〇二一年二月）。私が働いている歌舞伎町も、去年の春先と同様に人通りが少なくなって、寂しくなりました。

コロナの影響については、同じキャバ嬢さんも、他のお仕事をされている方も、いろんな思いを抱えていると思います。

そんな状況下ではありますが、私はブレずに常に前だけを見て、「ステイポジティブ」のスタイルでやってきました。もちろん、自分だけでできることではないけれど、そんな一条響の「ストロングメンタル」の秘密も本書でお伝えできたらと思っています。

この本が、いろんなキャバ嬢さんの売り上げを上げることにつながったり、仕事は違っても手に取って読んでくれた方の何かのモチベーションになったりして、少しでもプラスが生まれたら嬉しく思います。

そして、改めて、一条響にかかわってくださるすべての方たちへ、いつもほんとうにありがとうございます。感謝♡♡

二〇二一年二月

億女 Contents

売上モンスターキャバ嬢一条響のつくりかた

Contents

Contents

Contents

3. マネジメント

Contents

4. 恋

Contents

5. 新型コロナの逆風

Contents

6.
ミステリアス ヒビコ

撮影
下村一喜
(AGENCE HIRATA)

ヘアーメイクアップアーティスト
chiiiko

造本装幀
岡 孝治

1. キャバ嬢とは

キャバクラ業界に入ったきっかけ

キャバクラ業界に入ったのは九年くらい前かな。

友人がキャバクラで働いていて、自分がヒマだったから。

最初のお店は六本木の「舞人（マイト）」でしたね。

友達が舞人で働いていて、行ってみたら、オーナーさんが私のことを気に入ってくれて、その日から「おいでよ」みたいな感じではじまった。

当時は、二週間に一回、月に二、三回くらいしか出勤していなくて、遊びにいくような感覚でした。

HPとかに顔出しもしていなかったし、キャバ嬢をしているということを、周囲にもとくに言ってはいませんでした。

キャバクラに対してはとくに何のイメージもなく、憧れや目標があったわけでも

ない。

当時はとにかく無知でしたね。

いまでは、歌舞伎町、六本木、銀座と、街によってお店やお客さまの表面上の格差があることは知っていますが、そのころはぜんぜん知らなくて。

綺麗なお姉さんが多いな〜くらいでした。

最初のころはお店でお酒は飲んでいなかったけど、もともとお酒が好きってわけでもない。

無知だから、この業界が怖そうってイメージもなかった。

ほんとう、当時は世間知らずだったし、キャバクラ業界の常識、ルールも知りませんでした。

ただ、なんとなく店内を歩いていると、本指名が入ったりしていたんです。

六本木のお店は、綺麗なお姉さん系が多かったので、私みたいなきゃぴっとした金髪ギャルはモノ珍しかったのかもしれません。

シンプルに若いというのもあるし、ギャルっぽい見た目が目立っていたのかな。**いま考えたら、なんとなく店内を歩いていて、いきなり本指名に、っていうのはすごいですよね。かなりラッキー**だと思う。

舞人は当時、かなりの人気店で、毎日外にお客さまが並ぶほどでした。それこそ有名な方もお客さまとして来ていましたけど、それも、「へえ～、スゴ～い」って珍しがるような感じで（笑）。

当時は、
「キャバクラで一生懸命がんばりたい！」
とかもなかった。
おカネもらえて楽しいからいいや、みたいな感じでした。
もっと出勤してもっと稼ごうとか、そういうことは考えなかった。
遊びの延長でやっているから、執着がなかった。

お店に行く以外の時間は遊んでましたね。
それこそ六本木、西麻布で遊んでいました。
歌舞伎町にも来ていたかな。
新宿二丁目にはめっちゃ行ってましたね。
「オカマちゃん大好き！」 みたいな。
当時は週四くらい、二丁目にいちばん行っていた。
お酒が好きというよりは、飲みの場が楽しかったんだと思います。
ほんとう、いまから考えると当時は人としてゴミみたいな生活してました。

ヤバい、二日酔いだ、
当欠（当日欠勤）しよ～みたいな。

ふつうにヤバいやつでした。
当時は、シフトもあってないようなもの。
緩い感じで雇ってもらってた気がします。
罰金が引かれていたのかもしれないけど、それすらも記憶にない（笑）。
給与明細も見たことなかった。

爆弾

舞人時代の後半になると、少しずつ出勤も増えていって、ちょっと売れてきたんです。


そんなこんなで、舞人で知り合ったお客さまに、

「ステップアップとして違うお店に行ってみたら？」

と言われて移ったのが、「ビゼ（クラブビゼ六本木）」。舞人には一年くらい、いました。


お店のお姉さんたちと揉めることもありました。

徐々にお客さまもつきはじめてましたね。

このころは、キャバ嬢の「ルール」もやんわりとしか知らなかった。

いまはどうかわからないけど、当時はルールや働き方は「見て学べ」という雰囲気がありました。

でも私はまともに働いてなかったから、見て学ぶ気もなかったし、知らないことだらけ。

揉めてはじめて、自分がダメなんだって知った。

教えられたことは一度もなくて、揉めたり、他のお姉さんがしているのを見てようやくダメだったんだなってわかりました。

いまでいう「爆弾」はなかったけど、お客さまの意向で指名を替えることがあります。

こちらとしては、指名されたから私のお客さまじゃん、ってなるんだけど、もともと指名されていたお姉さんからしたら、

「いや、私のお客さまだから気を遣うべきでしょ」

って暗黙の了解があったのに、当時はそれがわからなかった。

指名されたんだから私のお客さまじゃないの？　って感じだった。

1.
キャバ嬢とは

爆弾っていうのは、ほかの女の子のお客さまをとってしまうこと。

お客さまから指名を替えられたら仕方ないですが、ヘルプで席についたときに故意に連絡先を交換したりするのはご法度（はっと）。

ヘルプ嬢に連絡先を聞くお客さまもいるけど、基本的には「指名嬢が絶対」なので、わからなければ指名嬢に確認を取ること。

たまに、「指名は響だけど、フリーでも楽しみたい（売り上げは響につけるけど新しい女の子が見たい）」というお客さまもいるので、そういう場合には言ってもらえたら自由にしてもらっています。

これはキャバクラでは特殊な例ですけどね。

揉めたりの理由は指名替えがいちばん多かったかな。

いじめとかはなかったけど、直接バトルすることはありました。

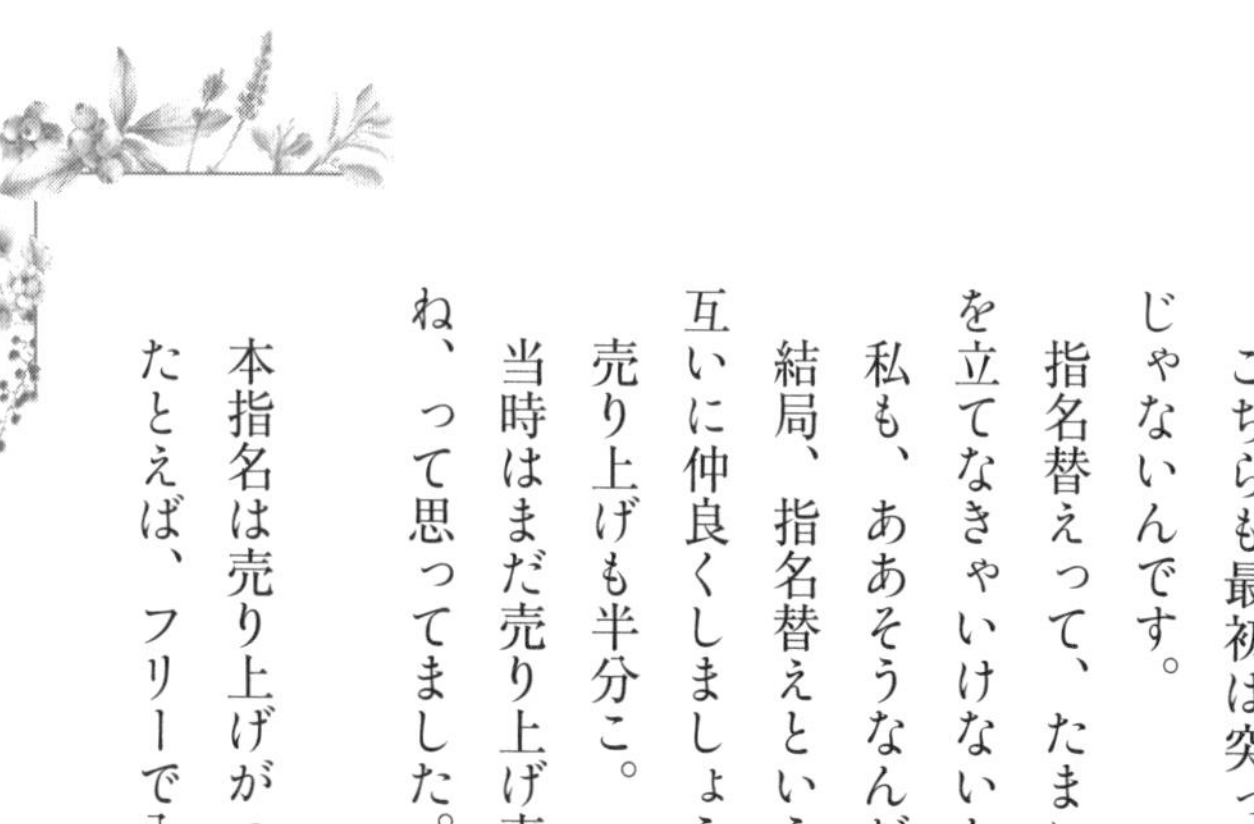

営業終了後に呼び出されて、黒服、お姉さん、私の三人でみたいな。

こちらも最初は突っかかってたし、そもそも指名替えってルール的にはアウトじゃないんです。

指名替えって、たまに起きることだからあっていいんだけど、お店としては先輩を立てなきゃいけないというのがあった。

私も、ああそうなんだって。

結局、指名替えというより、ダブル指名というかたちになって、お姉さんと、お互いに仲良くしましょう、となった。

売り上げも半分こ。

当時はまだ売り上げ売り上げ！　って気にしていなかったから、まあそんな感じね、って思ってました。

本指名は売り上げがつく指名で、場内指名はその場かぎりの指名。

たとえば、フリーで入ってきたお客さまに場内指名されたら、売り上げはつかな

いけどその場にいていいということ。

本指名は入り口でお客さまが女の子を指名し、指名した子に売り上げがつくもの。場内指名をもらえると、本指名につながりやすいと言われていますが、場内指名がすべてではないと思います。

場内指名がもらえなくても、連絡先を交換してフリーバックする子もたくさんいます。

フリーバックというのは、フリーで来たお客さまに、本指名で当日もしくは後日に再度来店してもらうこと。

女の子がコロコロ替わるのが嫌だから、という理由で場内指名にする方もいるので、場内指名がもらえなかったからといって諦めちゃダメ。

私は適当、かつ面倒くさがりやな人間なんです。

まあいっか、という感じで生きてきているから。

嫌な思いをしても、ほとんど思い出として残ってないんですよね。

ただ、私が何か相手にしていたとしたら、その相手は覚えていることもある。

そういうこともあるんだろうなって最近は考えるようになりました。

キャバ嬢学

向いているかいないかでいうと、私は向いていないと思う。

だけど、**向いていると自分を「洗脳」した。**

自分をマインドコントロールしたというか。

人間って楽なほうに逃げるじゃないですか。

私もとても楽なほうに逃げたがる性格なのですが、六本木で売れ出したくらいから、頑固で負けず嫌いな性格が出はじめたと思います。

売れた状態を維持しよう、負けないようにしよう、と思ったら、出勤もしないといけない。

でも、出勤するのはだるいと思うわけです。

起きて、ごはんを食べて、お風呂に入り……出勤する——キャバクラへ出勤する

ことを生活の一部にしていったんです。

しなきゃいけないというか、ご飯を食べたいと思うように、キャバクラも出勤したいと思うように変えたというか。

体が勝手に仕事に行くモードになるようにしていきました。

ただ、すぐにできるようになったわけではない。

六本木のころは、ナンバーワンになって維持していても、遊びたい気持ちが勝つこともあった。

それこそ、顔出しもしていなかったし、有名になりたいという気持ちもなかった。

欲があまりなかったんです。

でも、歌舞伎町に来て、はじめて顔出しをした。

来てすぐに「看板」にしてもらったり、それこそ、

「歌舞伎町にすごい子が来た！」

と、けっこうちやほやされたんです（笑）。

1.
キャバ嬢とは

そうされるうちに、ちゃんとしなきゃって気持ちが生まれた。

人に見られるってことが怖かったんです。

それこそ、外で行儀悪くしてたら、

「あの子下品、ヤバい」

って言われるわけです。

いい意味でも、悪い意味でも、目立つことに対して意識をするようになりました。自意識過剰かもしれないけど、けっこう大事なことだと思うんです。

人間、口コミに左右される部分もありますから。

もともと一匹狼の精神なのですが、歌舞伎町に来たばっかりのころは、いまと比較すると、尖っていたし、やりたい放題やっていたと思います。

悪評もあったと思います。

でもやりたい放題やらせてくれたお店には感謝していますし、やりたい放題やってきたからこそ、売れたのかなっていう思いはあります。

はじめて「ナンバーワン」になったのが六本木のビゼ。

ビゼは他にも店舗があるので、グループ全体でのレースがあった。

その新人枠で、四冠（売り上げ、指名、同伴、チーム戦）を獲った。

表彰式では大勢の前で発表されるので、とてつもなく緊張したし、恥ずかしかった思い出があります。

ビゼでけっこう変わった感じがしますね。

このころから、ようやく〝キャバ嬢〟になった。

ビゼには二年弱在籍。

その後、歌舞伎町に移った。

歌舞伎町に移ったきっかけは、お客さまたちに、

「歌舞伎のほうが向いているんじゃない？」

「歌舞伎町を経験したらいいんじゃない？」

と言われていたから。

年齢も若かったし、いい経験になるかなって。

1.
キャバ嬢とは

お客さまによっては、

「歌舞伎町に行くなんて都落ちだ」

と言われたりもしましたが、

「何それ？」

って感じでした。

自分のなかでは、挑戦してみようと思って歌舞伎町へ移籍しました。

不安とかはなかったですね。


歌舞伎町に移る際はスカウトさんにお願いしました。

でも、私は即決タイプなので、体験入店はしません。

歌舞伎町での一店目「セリュックス」も、お店を見に行って「即決」でした。

セリュックスに移ってからも、バリバリやって、ナンバーワン、レースでも一位を獲ったりしていました。

このころはもう、キャバ嬢としてがんばってみよう、とギアを入れていた。

当時、有名なキャバ嬢さんたちを見て、すごいなと思っていた。

セリュックスに入ってすぐのころ、いまのお店「FOURTY FIVE」のプロデューサー・愛沢えみりさんが、ウワサを聞きつけて会いに来てくれました。

えみりさんには、キャバ嬢系サイトの「メゾン・ド・ボーテ」のモデルをしてほしい、と頼まれたんです。

私は、「すごい人が会いに来てくれた」って。

この業界でムチャクチャ有名な人が私を指名しに来てくれた！　って。

もともとあまり有名キャバ嬢さんについて知らなかったのですが、えみりさんのことは知っていたんですよ。

セリュックスで二年、その後、「ディアレスト」に一年在籍し、FOURTY FIVEに入店しました。

えみりさんからは、ずっと、「一緒に働かない？」と口説いてもらっていました。

FOURTY FIVEに来て、二〇二〇年一二月で三年になりました。

どうしたら売れっ子キャバ嬢になれる？

自分で自分の価値を上げること。

いくら素晴らしいことを言ってたりしても、自分自身の価値が低いと、おカネを遣ってもらえない。

たとえば、むちゃくちゃ面白くてめちゃくちゃ可愛くても、身につけてるものや喋り方がよくないと、

「じゃあお前、吉四六（きっちょむ）（焼酎）でいいや」

ってなっちゃうかもしれない。

この子には、おカネを遣わなきゃいけないって思わせるためには、自分で自分の価値を上げること。

そういう面では、持ち物や服装、見た目、喋り方は、「お高い女」に見えるよう

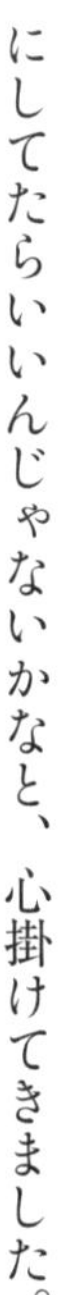

にしてたらいいんじゃないかなと、心掛けてきました。

私はよく、

「おカネかかりそうやな」

って言われるんです。

でもそれって、結構、最高の誉め言葉だと思う。

こいつには「ヴーヴ・クリコ（リーズナブルなシャンパン）」でいいやって思わせるか、「アルマンド（高級シャンパン）」入れなきゃって思わせるかは、自分次第じゃないかなって思います。

髪の毛、ネイル、歯、肌は常に見られていると思って、定期的にメンテナンスをしています。

髪の毛が「プリン」になっていないか、ネイルが伸びきっていないかとか。

そもそも性格的に、ちゃんとしていないと嫌なんですよね。
そのあたりは潔癖だと思う。
面倒くさがりだけど、髪の毛、まつ毛、肌はマメにお手入れに行かなきゃって。

「どうやったら売れますか？」

「どうやったらお客さんつかめますか？」

って女の子から聞かれることがよくある。

でも、そういうのってひとりひとり違うと思うんです。

だから、そんなざっくりした質問だと、聞かれても答えに困る。

でも、売れてる**みんなに共通して言えることは、ニコニコしている**こと。

人って、第一印象がよくないと、中身を知ろうとは思わないじゃないですか。

共通して言えるのは見た目を華やかにして、綺麗にしていること。

太っているならやせればいいし、ある程度の「武器」は身につけたほうがいいと思います。

おカネに余裕があるなら、ハイブランドを身につけるとか。
やっぱり、持っているもので判断されがち。
あとは、メイクや髪の毛の清潔感。
どんなに可愛くても清潔感がないと「もったいないな」って思うし、安っぽく見えてしまう。

自分で自分の価値を高くする、これはみんなに言えることだと思います。

全員顔が可愛ければとかそういうんじゃないけど、見た目がある程度ちゃんとしていないと、中身を知ろうと思われない気がして。

どれだけ性格がよかったとしても、外見がきちんとしてないと興味すら持ってもらえないんじゃないのかな。


私は若いころはムチャクチャなことをやってました。

いまと時代も違うから、酔った勢いで勝手にワインセラーからシャンパンを持ってきて開けたり、いま思えばすごい破天荒なヤツでした。

言葉では言い表せないくらいムチャクチャにやってきたけれど、それでも指名してくれてたお客さまはほんとうにすごいと思うし、「楽しい」って言ってくれてたお客さまには感謝しています。

昔の私は……別にだれもマネはしなくていいと思う（笑）。

でも、少し言えるのは、**遠慮していたらつかめるチャンスもつかめない。**

ある程度、ガツガツした気持ちがないと難しいんじゃないかなって。

私も正直、六本木で働いていたまだ若いころは、「売れたい！」って強い気持ちもなかったけど、「ナンバーワン」を獲ってからは、自分もハイブランドに憧れていたのもあったし、ほしかったから、高いものを身につけていくようになりました。

お店で接客する際に心がけていることやポイント

基本的に、覚えてもらえるように、インパクトが残るようにしています。

あとはギャップは大事だと思っています。

もともとの私の印象があると思いますが、たとえば、クールだと思われていたら真逆な感じで元気に入る。

基本的には、やかましいなって言われる感じ。

でも人見知りでもあるので、シラフだと別人のようだとも言われていた。

いまはそこまででもないですが、昔は酔っ払わないとフレンドリーに接客できなかった。

だから、出勤したら強めのお酒を飲んで自分のなかでテンションを勝手に上げたりもしていた。

1.

キャバ嬢とは

これはお勧め。

自分のなかでテンション上げるのは、みんなやったほうがいいですよ。

お客さまの年代によって、接客はぜんぜん変えていますね。

基本的にキャラクターを作ることはしていないのですが、言葉遣いであったり、盛り上げていい席では自分も楽しく盛り上げます。

接待で来られているような席では、テキパキ動いたり、聞き上手になったり。

静かなお客さまだったら、こちらがめちゃくちゃ話し上手になるようにしています。

でも、私、基本的にテキトーなんです。

「適当だね」って言われるけど、それでも、

「席に着いてくれて嬉しい」

って言ってもらえるから、適当だけど適当なりに締めるところは締めてる感じかな。

とにかく、どんなときでもニコニコしています。
お客さまとの相性の合う合わないもあるだろうけど、そんなときでもとりあえずニコニコしています。

腹のなかではいろんなこと思ってるんですけどね（笑）。

六本木と歌舞伎町の客層について

六本木はその土地で飲むことをステータスと思っているお客さまも多い。
だから、六本木にいるお客さまには、
「歌舞伎なんて行かねえよ」
って言われることもありました。
でも基本的には一緒じゃないですかね。
銀座だとまた変わると思いますが、六本木と歌舞伎町はほとんど変わらないと思う。

（お客さまで）苦手なタイプってあまりないんです。
たとえば、とっても無口な人が来ても、めちゃくちゃしつこくいく。

「ハロー、応答せよ」

とか言いながら、マシンガントークで話しかけます（笑）。

そういう人は、

「うるさいなあ」

って言いながら、心を開いてくれたりします。

キャバクラに何しにきたの？　って感じの人もいるんですが、そういう人とでも仲良くなれると思います。


すごい嫌味を言ってくるお客さまだと、ケンカになったこともあります。

私も言われたらズバズバ言い返す。

「好みじゃない」

って言われたら、私も、

「失礼しました」

って席を抜ければいいだけだけど、容姿についていじわるなことを言ってきたり

された場合には、言い返したりもしてました。

人間なので、合う合わないってあるじゃないですか。

だから、いろいろ言われても気にしてなかったかな。

言い返すときは、最初はギャグ系で、それでもヒートアップするようであればマジで嫌味っぽく言い返すかも。

「鏡見たら？」

とか、

「え、鏡見たことある？」

とか。

でもあまりにもこっちがマジになるのも恥ずかしいから、

「鏡見ろやー！」

の流れから、

「ウソだよっ」

ってギャグにしていったり。

かわし方って本当に難しくて、いまでも難しいなって思います。一日二日で身につくことじゃないし、かつ、だれかから教わるものでもない。
私は、ほかのキャストのお姉さんとかを見て、盗んできたものだと思います。

それに、**教科書通りの返し方をしていてもつまらない**んです。

それこそみんな、お客さまに送るＬＩＮＥで、

「おはよー。いま何してるの？」

とか、席について、

「こんにちは。どこから来たんですか？」

「歌舞伎で飲みますか？」

「いくつですか？」

って聞くけど、つまらないですよね。

みんなと同じようにならないようには努力していましたね。

あと、お客さまによって、この人は絶対敬語にしたほうがいいとか、この人には最初からフレンドリーにいったほうがいいな、とか考えながらいってました。

意外と頭使ってますよね。

成功するキャバ嬢

「売り上げが上がる秘訣は？」

ってよく聞かれるんですけど、うーん。何だろう？

下の子には、

「自分自身で自分の価値を上げていかないといけない」

ってよく言っています。

見すぼらしい見た目だとおカネ遣おうって思わなくないですか？

私は自分のことを商品だと自覚しているので、自分で高いハイブランド品を買う。

お客さまに対するマインドコントロールでもあると思う。

あと、高いおカネを払ってもらったとしても、

「楽しかったからしょうがない」「響だからしょうがない」

というふうに思ってもらえるようにしている。

そのぶん、接客で楽しんでもらえるように努力したり、お客さまを特別扱いしたりしてフォローするようにしています。

飲みに行っておカネを遣うくらいなら、ひとつでもハイブランド品を買って自分で身につけること。

そうすることで、結果的に自分に入ってくるおカネが増えると思う。

何かひとつでも自分に投資すること。

自分が自分に投資しなかったら、お客さまも投資してくれないと思うんです。

それに、やっぱり**「カワイイ」は正義だし、カワイイは自分で作れる。**

太っているならやせればいいし、可愛くないなら整形してもいい。

持ち物だって買えば手に入る。

別に整形しなくても、髪の毛を艶々にして肌を綺麗に保ち、ネイルも綺麗にしておくだけでも可愛く見えるんです。

自分磨きはおカネを掛けなくてもできることはいっぱいある。

それこそ、毎日湯船に浸かって半身浴したり、食事制限、運動したりするだけでも違うと思うんです。

あとは自分に似合うメイクの研究もできますよね。

メイクなんて、売れるまではプチプラコスメを使っていてもわからないから、どんどん研究したほうがいい。

キャバクラの仕事って、よく知らない人から見たら、お客さまの横に座ってニコ

ニコしているだけの簡単なお仕事って思われるかもしれない。
でも、じつは売れている人ってみんなたくさんの努力をしている。
私はふだん、自分から「こういうことやってます！」ってあまり言わないんですけど、この本でたくさんしゃべっちゃいました。

唯一無二は強いと思う。

みんなと同じでいるよりは、性格、見た目、なんでもいいので自分らしさを出す。
唯一無二の何かがあれば、強いと思いますね。
他の店の子や他の女の子とは替えがきかない存在になれたらいいですよね。

お客さまに連絡するには

連絡はマメじゃないほうですね。

「今日いる?」とかの返信はめっちゃ早いんですけど(笑)。


わかりやすいってよく言われますね。

でも、回りくどいよりはいいかなって。


昔、二〇代前半のころは、一日に二〇〇件とか連絡をとり、電話もめちゃくちゃかけていましたが、いまはそこまでやっていません。

それでも、ほかの子に比べればマメじゃなかったかもしれない。

もっとマメな人はたくさんいて、お客さまからは、

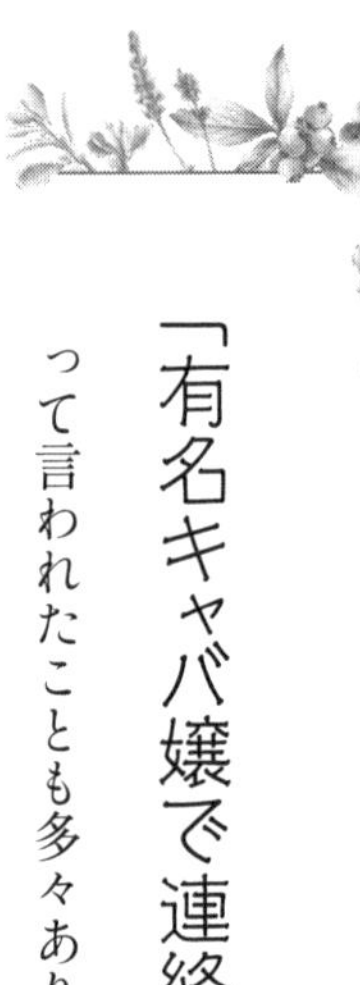

「有名キャバ嬢で連絡が返ってこないのは嘘だけ」

って言われたことも多々あります。

だから、「もっとがんばってる人がいるから、私もがんばらないとな」ってすごい思ってました。

でも、家に帰ると携帯放置しちゃうんですよね。

自宅では、ゲームしたりテレビ観たり、犬と遊んだりしてる。

もちろんたまに確認するけど、急ぎじゃなさそうだったらそのまま置いちゃう。

そういう自分のペースをもってるから、精神的に病まないでいられるのかも。

お店に来ないけど、ずっと連絡だけはしてくるメル友みたいなお客さまもいます。

そんな人には直接、「メル友か！」って送っちゃう。

すると、「そうだよね、行かなきゃ」ってなってくれる。

私は、「お店に来て」とはあまり言わない。

「行かなきゃ」っていうふうに持っていっているかな。
「そろそろ顔見たいな」とか。

あと、お客さまに相談することもあるので、元気がなさそうなのを感じとってくれた人には、「相談があるんだよね」と言う。

すると、聞きに行くよ、ってお店に顔を出してくれます。

ちょっと特殊な営業方法だと思います。

でも、絶対に「来て!」とは言わないほうがいいと思うんだよね。

来てやったぞって思われるのも嫌だし、なかには遠回しに言われるよりも直接「来て」って言われたほうが嬉しいお客さまもいるみたいですが、あまり言わない。

とくにいまの子ってお客さまに「来て」とは言いにくいと思うんです。

お客さまに対してグイグイいく子が少ない気がする。
だからこそ、**LINEばっかりでお店になかなか来ないお客さまに対して、「メル友か！」って言うのはお勧めです**（笑）。

ウソつかないお客さまは好かれますね。

有言実行してくれる方。

あとは、サプライズ上手な人は女の子から人気です。

自分と仲のいい女の子の誕生日を祝ってくれたり、周りにもよくしてくれる、スマートな男性はいいと思います。

あまりヘンなお客さまにはついたことがないですが、女の子がヘンな営業をしなければお客さまもヘンにならないと思う。

お客さまがお店に複数いる場合には

やっぱりおカネをたくさん遣っていただいた人に長くつきます。

また、自分がいない間は仲がいい女の子やボーイさんに助けてもらっています。

「プラス場内指名」という仕組みもあり、自分と仲のいい女の子を卓に呼べます。

ヘルプだとお客さまが知らない女の子になってしまう場合もあるけれど、場内指名だと知っている女の子がいてくれるので、私としても安心できる。

女の子同士でプラス場内指名をし合って助け合うこともあります。

お客さまとしても、知っている女の子が来てくれるので間が持つ。

席を抜けるときは、ボーイさんが、

「響さんお借りします！」

と言ってくれるので、「借りられてくるね〜」とか「すぐ戻るね」って感じで行きます。

違う卓に行ったら、またハイテンションで入ります。

卓被(かぶ)りが増えると、

「俺のところにはぜんぜんついてくれない」

って不満もお客さまから出てきます。

そういうときは、

席についていないときも

「ごめんね」といったスタンプや、

「もうすぐ戻るね」って

LINEを送ったりしていますね。

でも、私のお客さまは私がいない間もボーイさんや他の女の子と楽しんでくれている方が多い。ヘルプがいらないお客さまは、より気を遣いますけどね。

「あとでＬＩＮＥ送るから見てね」

って言って抜ける。

とにかく店のなかでは全力。

楽しんでもらうようにしています。

高いお酒をおろしてもらうには

「ピンク飲みたい」ってシャンパンの色で言うことが多いかも。

あと、「何飲みたい？」って聞かれたら、

「シャンシャン（シャンパン）する？」

とか（笑）。シャンパンが飲めない方であれば、

「ボンジュール（ワイン）する？」

とか。

直接お酒の名前を言って「入れて」って頼むんじゃなくて、「○○する？」って言い方をしています。

わりとギャグの感じで言いますね。

でも、お客さまによって、これくらいお願いしてもOKかなっていうのを見て言っ

てます。
やりすぎて会計がけっこういっちゃった場合には、全力で「ごめんね。でも嬉しい！」って謝ってます。

下の子からは、

「ビビって高いお酒頼めない」

ってよく相談されます。

「高いお酒を頼んで切られたらどうしよう」

って。

でも、お客さまは、いつかは切れるもの。

一生指名してくれる人のほうが珍しいんだからって言ってます。

怖がって高いお酒を口に出さないでいるよりも、ちょっと高めのお酒をお願いして、それで断られたらそれはそれ。

でも、最初から高いお酒を頼まなかったら、そこで終わっちゃう。

断られたら、「しょぼーん」ってしてればいいけど、口に出さなかったらそれすらもないわけです。

ギャグで言って、断られたら「泣き〜」って言っておけばいいのに、「ビビっちゃって無理です」って子もいるんですよね。

断られてもそれはそれだなって。

それはダメだけどこっちでいいよってなることも多いし、**断られるのが怖いっていう、そのプライドは捨てましょう。**

私のこのスタイルは最初からですね。

昔はもっとひどくて、いいって言われてないのに勝手に高いシャンパンを頼んで開けたりしていました。

でも、逆にそれが面白いと思って指名してくれる人もいました。

おカネに余裕がある人にはぜひこの方法をやってみて。

ただ、見極めは難しいときもある。

資産を持っていてもキャバクラで遣わない人もいるし、資産はないけどキャバクラで遣う人もいる。

相手に興味を持っていろいろ話を聞いていくとわかってくると思います。

言っていることが本当かどうかわからないけど、自慢したがる人も多い。

自慢した人は、言ってしまった手前高いお酒をおろさざるを得なくなりますしね。

「他店でこれだけ遣った」自慢をする人はけっこういますね。

でも、しっぽり飲んでいて急にドカンと高額を遣う方もいます。

だから、「何飲んでいい?」と聞いて、「何飲みたいの?」と言われたら、

「これ飲んだことないから飲んでみたい」

って言う。

「はじめて」って言葉はけっこういいと思う。

「こんなのはじめて!」っていうのは使ってみてほしい。もし、「いやはじめて飲んだわけじゃないでしょ」って突っ込まれたら、「○○さんとははじめて飲むじゃん」って。

ウソも方便です。

資産があってもあまりキャバクラで遣わない人に対しては、飲みの場ではなくお酒の入っていない食事の場なんかでしっかり説得していました。

「私はずっとナンバーワンでいたいから、応援してほしい」

「ナンバーワンになりたい」

と真剣に話すと、理解をしてくださる方が多かったですね。

一緒にがんばろうスタイル。

私はナンバー殿堂入りしていますが、それでも売り上げは一位をキープしています。そこは意地というか、希望を見せたいなって思ってます。

後輩にも、お客さまにも、せっかくおカネを遣ってもらっているからこそ、がっかりする結果にしたくない。

やるからには、女の子からもお客さまからも、「響さんすごい」って思われたい。

私はキャバ嬢として生きてますから。

それに、キャバ嬢として中途半端にやるよりは、振り切ってやったほうがいいことのほうが多いと思う。

お小遣い稼ぎとしてやるのもそれはそれでよいけど、本気でやるならプライベートは捨てたほうがいい。

ライバルは同じお店の子だけじゃない。

全国のキャバ嬢がライバルだから、本気でやらないと勝てないと思う。

三〜四年前まではほぼ「一匹狼」で、協力してくれる友達は数人いたけど、それでも自分しか信用できなかった。

当時は常に目が吊り上がり、殺気立ってたみたいです。

あだ名は「剣山（けんざん）」でした。

だからこそ、ここまでこれたのもあるかもしれないけど、四年くらい前からは、他人のいいところを取り入れるようになりました。

自分より売り上げを上げている人のこういうところがすごいな、とか、他人のすごいところを認められるようになりました。

それは、けっこう勇気のいることでしたね。

やっぱり「自分が一番」がいいし、負けたくないって気持ちはだれよりも強かったから。

でも、人のすごいところを認めることで楽になれたし、いまだに売り上げが右肩

上がりなのも、それがあるからだと思う。

やっぱり一人では限界があると思う。

殺気立っているときは、お客さまに対しても、

「裏切ったなテメー!」

みたいなこともあったし、お客さまと喧嘩することもありました。

泣いて、怒って、笑って、とにかく忙しかったですね。

でも、基本的にはポーカーフェイスなので、人前ではそんな仕草を見せず、営業終わりにVIPルームにこもって泣いたりしていました。

ただ、**何で泣いてたかは覚えていないな。**

嫌なことはなるべく忘れて、
嬉しいことだけ思い出すようにしています。

他の人のいいところを見れるようになったのは、心の余裕ができたからかも。

1.

キャバ嬢とは

余裕がないころの自分は、周りからも嫌われてたと思う。
ある一定の子にしか優しくできなかったり。そもそも他人に興味が持てなかった
し、かつ、他の子はライバルだからどうでもいいって感じだった。
○○ってこれだけ売り上げあるらしいよ、と聞いても当時はツンとして、
「そうなんだ」

で終わっていたけど、いまは、

「すごいね。どういう営業しているんだろう？」

って興味も持てるし、可愛い子がいると聞いたら会いに行ったりもする。

昔は、この世界にいるのに下手くそな生き方をしていたと感じます。

やっぱり横のつながりは大事だし、一人で背負いきれるものでもない。

でも、昔は一人で背負おうとしていましたね。


売り上げとは、総売り上げといってお客さまが払う金額のことです。

そこから小計といって、サービス料等が引かれます。

総売り上げの半分から三分の一くらいがお給料になります。
ただし、高いボトルが入ると原価分は引かれることになっています。
私は、**高いボトルを入れてもらうことが多いので、原価代がエグイ**んです。
高いボトルはもともとの値段が高いから、お給料からけっこう引かれるんですよー。

売り上げの締めは一日~月末までで、末日が終わると次の日ゼロからのスタートになります。

だから、月末の営業終わりがいちばん憂鬱で嫌でした。

また明日ゼロからか……みたいな。

それが嫌で、仕事にも行きたくなかった。

だから毎月一日はいつも仕事に行くのが嫌だったけど、キャバクラの仕事は好きだからヘアメイクをするうちにスイッチが入って、気持ちを切り替えていましたね。

いまは半期締め（一〜一五日、一六〜末日）なので、一日と一六日がゼロになる。一ヵ月に一回のときは、一ヵ月全力で走って、またすぐ翌日ゼロからのスタート。終わったと思ったらまた走り出すので、感情が忙しかった。プレッシャーもすごかった。

ヒビキ伝説

イベントのときに生花のバラで名前を作るのは、どうやら私が元祖らしくて。カワイイなって。

イベントを打つときは、コンセプトなんかもぜんぶ自分で考えてやります。

めっちゃ遊んでたのは、一〇代後半から二〇代の前半くらいまでかな。

お客さまからのプレゼントはあまりもらっていない。

プレゼントをもらうくらいなら、シャンパン入れてってお願いして、ほしいものは自分で買っていますね。

いままで買ったもので高いものだと、時計（三〇〇〇万円）、クロコのバーキン

（一五〇〇万円）、あとはマツエクサロン開業資金（一五〇〇万円）に遣ったかな。ほしいものは衝動買いしてます。

一日で、時計（二五〇〇万円）、服、ぜんぶ合わせて、三五〇〇万円くらい遣ったことがあります。

私は、買いものはチョコチョコ行くんじゃなくて、ほしいものを一気にバーッと買っちゃうんです。

「買いものデー」を自分で作るくらい、買いものに行くのも面倒くさいから一気に買っちゃう。

最高売り上げはバースデーだけど、バースデーを除けば、一晩で四〇〇〇万円の会計だったときかな。

売り上げは細かく細かくチェックしていたわけじゃないけど、前の月との比較はしていました。

昔は、とにかく「ナンバーワン」じゃないと嫌だったから、ある程度近い数字の子は意識してたりはしました。

でも、どちらかというと自分との戦いって感じでしたね。

焦ったりすることはあまりなかったかな。

しかも、そういうのはお客さまに伝わってしまう。

そうすると、弱みを握られたような感じになる。

それが嫌なので、あくまでも余裕があるように見せていたし、もし焦りがあっても表には出さない。

たぶん性格の問題で、焦ったり悩んだりした記憶があまりないんです。

ただ、常に気は張っていたと思います。

サポートスタッフ

黒服の担当さんは、もちろん私にもついています。

担当さんは、出勤確認をしたり、売り上げを送ってきてくれたり、来客予定の管理をしてくれたりします。

私の場合はモデルの撮影にも同行してもらっているので、ほぼマネージャーみたいな感じです。

困ったことがあったときには相談するし、お店に出勤したら、まず担当さんとやり取りをしています。

担当さんとの相性は人それぞれだと思いますが、私の場合は、いまはあまり干渉しすぎない担当さんが合っています。

でも、昔バリバリにやっていたときは、マイペースな私の代わりにチャカチャカ仕切ってくれる人がよかったです。

「行くよ」

「ハイハイ！」

ってやってくれる人のほうがやりやすかった。

グチや悩みも、黙って聞いてくれる人。

とくにアドバイスがほしいわけじゃなくて、ただ聞いてほしいだけだから、静かに聞いていてくれている人がよかったですね。

黒服さんとの相性も、この業界で伸びるかどうかに影響してくる部分はあると思う。

もちろん、喧嘩したりすることもある。

もしお店がミスしたらお店に対しても怒る。

いまでも言うときは厳しく言いますが、昔みたいに怒鳴り散らしたりはしない。

それでも、やってはいけないミスがあるんです。
女の子がひとりのお客さまを呼ぶのに、どれだけがんばっているかを黒服さんはわかっていないとダメ。
女の子が楽にお客さまを呼んでいるって思っちゃダメなんです。

ただ、黒服さんに助けられることもあるので、感謝する場面も多いです。
接客中に盛り上げてくれたり、一緒に飲んでくれたり。
相性が合わなければ担当さんが替わることもあるし、替えたければ替えられます。

2.
美

夜型の生活での日々のスキンケア

もともとお酒は好きではなく、極力飲まずにやってきました。

いままでの人生で、酔って潰れた経験もほとんどありません。

アフターでも、これはヤバい、ってなったらすぐさま帰ります。

歯止めが利かなくなる前に、家に帰りたくなっちゃうんです。

この年になって二日酔いになるようになりましたが、以前は二日酔いになった記憶もほとんどありません。

お誕生日だと楽しくて飲みますし、飲んだほうがシャンパンも開くので飲みますが、次の日がきつい。

それでも頭が痛いなってくらい。

おそらく私は酔いが回るのが早いほうで、シャンパン一杯で顔が真っ赤になっ

ちゃう。

酔うのも早いし、醒めるのも早い。

だから、楽しい時間がとっても短い。

酔いが醒めたら寒気や震え、頭痛、気持ち悪さがやってくる。

お酒を飲んでいるときの楽しい状態がすごく短いんです。

仕事中にいきなり「バッド（ＢＡＤ）入る」こともある。

でも、吐いたりはできないし、じつは強いんだと思います。

お水でお腹いっぱいになっちゃうことはあっても、気持ち悪くて吐くことはない。

だから、飲めるんだと思う。

ただ、家にお酒は一本もないし、一人で飲むこともありません。

家では絶対に飲まない。

明日からお酒をやめるように言われたら、速攻でやめられる（笑）。

それくらい好きではないんです。

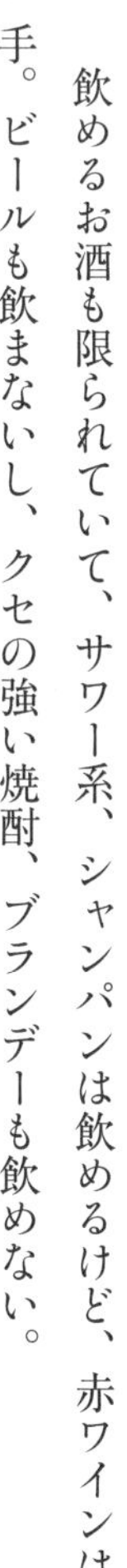

飲めるお酒も限られていて、サワー系、シャンパンは飲めるけど、赤ワインは苦手。ビールも飲まないし、クセの強い焼酎、ブランデーも飲めない。

匂いで無理。

一杯で「うぇーい」ってテンションが上がるから、めっちゃコスパはいいと思います。

仕事の最後には、梅昆布茶を飲むのが定番。ふう。って（笑）

シメを梅昆布茶にしはじめてからもう何年も経ちますが、こうするようになってから、へんに暴飲暴食もしなくなった。

アフターでご飯を食べることはあっても、酔って自宅でドカ食いすることがなくなりました。

最後に塩分を摂っているのがいいのかもしれない。

ほんとうは、酔っているうちにシジミのお味噌汁を飲むといいって言いますよね。

ほかには毎日、必ず湯船に浸かっています。

どんなに時間がなくても、一分でもいいから浸かるようにしています。

時間があるときは湯船に入ってたくさん汗をかく。

サウナやジムに行くのが面倒くさくて嫌なので、家でできることをやっています。

汗はかいたほうがいいので、浴室暖房をかけ、四二度くらいのお湯にバスソルトを入れ、たくさん汗をかけるようにしています。

むくみも取れる気がするし、気持ち的にもスッキリします。

寝る前はしんどいのでシャワーのみですが、朝起きてからは必ずお湯に浸かっています。


あと、どんなに酔ってべろべろでも化粧は絶対に落としています。

アクセサリーをつけたままなのも嫌なので、ぜんぶ外し、素の状態になってから寝ます。

昔は、化粧も落としてアクセサリーもすべて外しても、靴だけ履いたまま寝ていたことがありました。

学生時代から美容に関心が高かったわけではありません。

大きなきっかけになったのは、二年前に突然肌にブツブツができたこと。

目から下、頬やフェイスラインに、蕁麻疹（じんましん）、ニキビのようなブツブツが二種類できてしまったんです。

人生ではじめてのことだったので、ビックリしました。

最初はニキビだと思って、ニキビ治療のクリニックに行ったり、皮膚科に通ったりしました。

何とかしようと思って、レーザー、ピーリング、光治療、いろんなことをやった。

でもそれで逆に悪化させてしまったんです。

ブツブツがあることがすごくストレスで、引っ掻いたり潰したりしてしまうこともありました。

爪で引っ掻いた跡は、傷跡になって残ってしまったんです。

2.

美

こうなる前までは、洗顔もまともにしてこなかったんですが、以来、メイクの落とし方や洗顔の仕方をちゃんと調べるようになりました。

あと、野菜をちゃんと食べるようになりました。

野菜が嫌いだったので、いっさい野菜は食べなかったし、太らないから、食べたいものを食べたいときに食べる生活をしていた。

それこそ、朝昼晩カップラーメンという、ヤバい食生活のときもあった。

いまではサラダも食べるようになりましたが、もともとは野菜が嫌いなので、食べていなかった。

味が嫌いだし、好きなものでお腹いっぱいになりたいのにどうして食べなきゃいけないのって思ってた。

スープとかに入っているのは食べるけど、わざわざメニューを頼んでまで食べることはなかったですね。

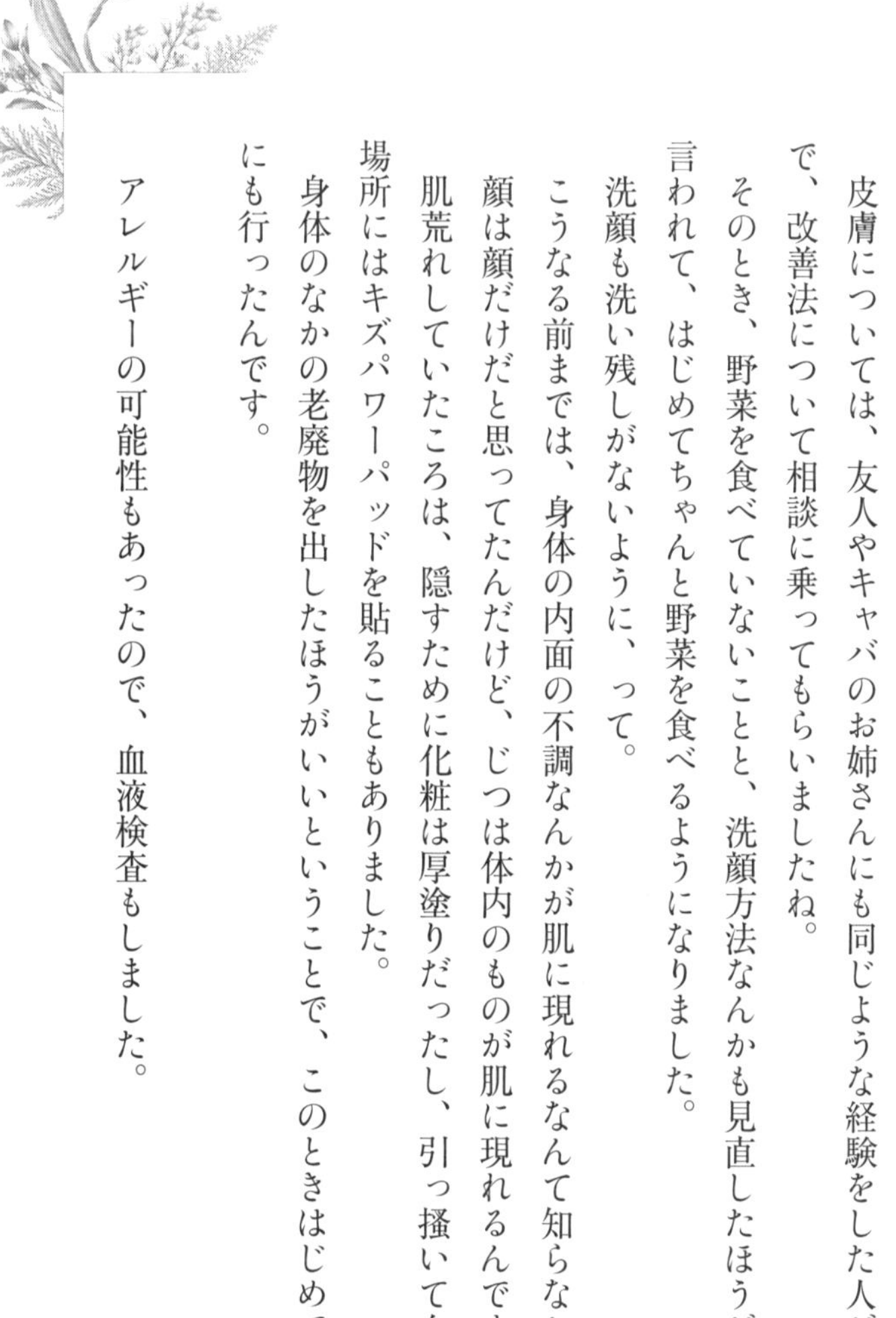

皮膚については、友人やキャバのお姉さんにも同じような経験をした人がいたので、改善法について相談に乗ってもらいましたね。

そのとき、野菜を食べていないことと、洗顔方法なんかも見直したほうがいいと言われて、はじめてちゃんと野菜を食べるようになりました。

洗顔も洗い残しがないように、って。

こうなる前までは、身体の内面の不調なんかが肌に現れるなんて知らなかった。

顔は顔だけだと思ってたんだけど、じつは体内のものが肌に現れるんですね。

肌荒れしていたころは、隠すために化粧は厚塗りだったし、引っ搔いて血が出た場所にはキズパワーパッドを貼ることもありました。

身体のなかの老廃物を出したほうがいいということで、このときはじめて酵素浴にも行ったんです。

アレルギーの可能性もあったので、血液検査もしました。

2.
美

もともとピーナッツアレルギーがある（アナフィラキシーショックを起こすほど）のですが、それとは別に遅延型フードアレルギーといって、これまでのものが蓄積されて、遅れて出るアレルギーの可能性があると言われました。

グルテンなど、これまで普通に食べていたものが、遅延型フードアレルギーの原因になっていることがわかったので、極力避けるようになりました。

そもそも、パン、パスタはあまり好まないので食べていなかったけど、素麵、うどんはめっちゃ好きだから、ちょっと悲しかったです。

いまは落ちついたので、たまに食べるくらいにしています。

結局、肌荒れの原因は、遅延型フードアレルギーと野菜不足、不規則な生活によるものだったみたいです。

最近やっている「ゼオスキン」（クリニックで処方される肌ケアプログラム）は、私の肌にすごく合っているみたい。

ゼオスキンのいちばんハードなものは皮剝けするし、かゆみ、痛みも伴います。

私は痛みにはわりと強いほうなので、平気でしたし、そのぶん効果もすごく感じました。

ゼオスキンをやると、ハリ、艶も出るし、毛穴がすごく小さくなります。

スキンケアは、ゼオスキンベース。

ただ、ゼオスキンは目から下のみで、マスクで隠れるところしかやっていない。

コロナ禍でマスク営業の時期はマスクで隠せるから、そんなに目立たなくていいんですが、化粧がのりにくくなるので、通常時だとちょっと難しいかも。

ゼオスキンは三ヵ月を目安にやるものですが、モデルの撮影が入ったときは中断しています。

肌の考えかた

一回でよくなるものってないから、継続して自分がやっていけるやりかたがいちばんいいと思います。

私は、家でもやるし、クリニックに通ってもやる。

自宅では、湯船に浸かることもそうですが、メイク落としの際には、必ずスチーマーでメイクを浮かせてから落とすようにしています。

オイルクレンジングは使わないようにしています。

ダブル洗顔はよくないって話もありますが、私はダブル洗顔派。

肌が綺麗な人を見ると、何をやっているかマネしたくなるのもわかりますが、その人がやっているものが自分に合うかどうかはわからないですよね。

私の場合は、とりあえずぜんぶ試してみるタイプです。

ダメだったらやめればいい。

クリニックの美容医療だと、プラズマシャワー、ヴァンパイアフェイシャル（肌質改善、傷跡を消す治療、ダウンタイムあり）。

ブツブツはなくなったけど、傷跡が残っている状態のときは、傷跡を隠すために化粧が厚塗りになっていました。

でもいまは、隠すよりも肌を綺麗にしたいと思って、なおいっそう治療に力を入れています。

クリニック選びについては、（愛沢）えみりさんがプロデュースしている「ヴィーナスビューティークリニック」に通っていますが、えみりさんがやってみてよかったというものを試したりしています。

えみりさんのことは信頼しているし、身近な人がやってみていいと言っていたらやってみようかなと思いますよね。

2.
美

美容情報は、ネットや周囲の美容好きな方からも教えてもらっています。

最近は、サプリメントも飲むようにしています。

すべては腸からだと知って、腸に効くクロレラのサプリを愛飲してます。

朝起きていちばん最初にクロレラを摂り、しばらく何も食べずにいると腸が活発になる気がしています。

グルテンの多いご飯ばかり食べていると腸に小さな穴があき、そこから腸内の成分が漏れ出てしまうことで肌荒れすると聞いてから､腸を大事にしはじめましたね。

好きな食べ物は、お米、激辛系、果物。

でも激辛系は腸によくないんですよね。

どうしても食べたいものは我慢せず、後からケア（酵素浴など）するようにしています。

マツエクサロンをやっているからこそわかる目元ケア

マツエクサロン「Eye Sound」では、まつ毛のトリートメント、シャンプーなどをやって、ケアをしています。

日ごろのケアとしては、寝る前に必ず美容液を塗ること。

みんなにやってほしいのは、寝る前にコーティング美容液を塗ること。

コーティング美容液はまつ毛とエクステを固めて、マツエクの持ちをよくしてくれますが、お化粧の後に塗る方が多いと思います。

もちろん、お化粧の後に塗るのも大事ですが、もっと重要なのは寝る前。

寝ている間に無意識に目を擦ったりしてまつげが取れやすくなるのを防ぐためにも、寝る前にも塗ってほしい。

マツエクの持ちがよくなるし、本数が減りづらくなるのでお勧めです。
アイメイクを落とすときは、コットンに水クレンジングを染み込ませて落としています。
マツエクでも使える目元のクレンジングもありますが、水クレンジングのほうがよさそうかなって。

美容整形について

可愛くなる努力って、ステキじゃないですか。
整形は、自分がしたかったらしたらいいと思うんです。

整形は、自己満足の世界だと思います。

私は、**自分のしたいことはしてきたし、他人に変だって言われても、自分がしたいことだったら、もし変になっても自分のせい**ですしね。
もちろん、医師には相談するし、プロに絶対にやめたほうがいいって言われたことについてはやめたほうがいいかもしれないけど……。

2.

美

あと、一気にやるよりは、バランスを見ながら、ちょっとずつ微調整してやればいいと思います。

整形やりたいって思うと、一気にやりたいってなると思うけど、ちょっとずつやって、自分を客観的に見ながらやるといいと思う。

はじめてのときは、可愛くなりたいって一心でした。

あまり物怖じしないほうだから、

「やりたい！」

って思ったらやっちゃう。

どこのクリニックがいいかについては、周りと情報交換し合って、いろいろと聞いていました。

カウンセリングは大事だけど、カウンセリングにいっぱい行くと、それだけでおカネとか時間もかかるし、そのうちにどうしたらいいかわからなくなって、臆病になっちゃうこともあるかも。何ヵ所もカウンセリングに行くと、いろいろな情報が入りすぎて、何が正解かわからなくなるから。

治療は主に韓国。

韓国の整形は日本よりもコストパフォーマンスが高い気がしています。

通訳さんもいるし、カウンセリングも納得するまで聞けばいいと思う。

日本だと、「派手顔」にしたがる医師もいるって聞きますが、韓国だと、

「あなたにはこれは必要ない」

とキッパリ言ってくれるイメージ。

私としては、韓国で整形したことは納得しています。

ネット上にも情報は載っていますが、実際に施術を経験した人からの話のほうが、

私は信頼できると思います。

私は顔に脂肪（ヒアルロン酸も）を入れているんです。

体質的に顔がコケやすいので、何もしないとどんどんコケていってしまう。はじめて入れたのは一年ちょっと前。

2.

美

顔に脂肪を入れたことで、印象がとても変わったと思います。

目指しているのは、凹凸のないつるんとした顔。

年を取ったりやせすぎたりすると、顔がコケてくるじゃないですか。

コケると実年齢よりも上に見られたりするし、疲れ顔に見えちゃうんです。

脂肪を入れる前は、実年齢よりも上に見られることが多かったんです。

脂肪を入れて、顔の凹凸をなくしたのはよかったです。

流行りもあると思いますが、顔が丸いほうがいいのかなって。

顔がパーンとしているほうが若く見えるし、可愛いなって。

自分を演出する

ドレスは身体のラインが出るほうが好き。

フワフワしたタイプのドレスもカワイイですが、そういうタイプを着ていると、自分が緩んでどんどん太っていきそうだから、あまり着ない。

身体のラインが出るドレスを着ていると、自然と身体も引き締まるし、お腹を引っ込めようと気にしたりしますよね。

ロングもミニもどちらも好き。

キラキラしているほうが華やかに見えるのでいいですね。

仕事中のメイクは若干濃いめにしますが、いずれにしてもメイクは一〇〜一五分の短時間で終わっちゃう。

2. 美

メイクはまず目からやります。

お風呂あがりに髪の毛をすぐ乾かすのが嫌なのですが、でも何かやらないと時間がもったいないので、目だけ先に作っちゃう。

濡れた髪を縛り、ストレッチしながら目のメイクをしてます。

マツエクしているので、アイシャドウとアイラインだけ。

アイラインも途中までしか引かない。

その後、髪を乾かし、自宅を出る三〇分前くらいにファンデーションを塗ります。

ファンデーションをつけている時間を長くしたくないのと、肌が乾燥してしまうので、ファンデを塗るまでに何度も保湿しています。

朝起きてから家を出るまでに、何回も保湿をしてから出かけるようにしています。

というのも、化粧直しが面倒なんですよね。

みんなからも「鏡みないよね」って言われるくらい。

外に出て一回も鏡を見ない日もザラ。

化粧直しの仕方もよくわからない。

できるだけ崩れないようにするために、出かける前の保湿を徹底しています。
「とにかく出かける前に肌を潤わせる！」
化粧直しが嫌いだし、面倒くさい。**後から楽したいタイプです。**

アイシャドウの塗り方もヘンって言われます。
指でペッペッて感じで雑なんです。
ファンデもパッパッとやって、チーク塗って、ハイライトを仕込んで終わり。
面倒くさがりやなので、メイクに時間をかけたくないんです。
下地も使わず、クッションファンデを使います。

いま愛用しているのは、韓国コスメとディオールとMAC。

ファッション

ひとつのブランドにハマったら、しばらくそのブランドを愛用します。
二〇二〇年はずっとディオールを着ていました。
センスもないので、ぜんぶショップの担当さんに聞いちゃう。
色の組み合わせはわかるけど、差し色とかわかんない。
だから、けっこうマネキン買いしてますね。
着回しができる人ってすごいなって思う。
私は、このトップスならこのボトムスにしか合わせられないって感じです。
着回しコーデは無理。どなたかオシャレな人に教えてほしいですね。

パンツスタイルも好きだし、ロングスカートも好き。

基本的になんでも好きですが、「女子！」って感じのブリブリしたのは着ないかも。

綺麗めカジュアルが好き。

あとは、楽さを求めちゃうので、ロングワンピースとか選びますね。

休みの日はヒールは履かないけど、それ以外の日はヒールの高いものを履きます。ヒールは一〇センチメートルはほしい。身長は一六〇・五センチメートルで、そこまで高くないので、一〇センチヒールはマストかな。

私服のこだわり

私服の数は数えたことがないからわからないです。
でも、基本的にはいらなくなったものは妹にあげてる。
ワンシーズンごとに買うので、そのつど妹にけっこうあげている。
カワイイものや、気に入ったものは前の年のものも着ますけど。
ワンシーズンで買う服の数は一〇〇着くらい？　かな。
靴と服、合わせて一〇〇以上は買っていると思う。
服も靴もめっちゃ好きなんです。
でも、買っていちど着ただけで満足することも。
だからもったいないですよね。着回しができないので、マネキン買いしちゃうし、
ムダ遣いしていると思います（笑）。

服を買うときは直感で、カワイイ！　と思ったら買っちゃう。

そのときに可愛いなと思っても我慢したとします。

でも、次買おうと思ったら、もう売り切れてるんですよね。

それが嫌だから、カワイイ！　と思ったら即買う。

私は、**カワイイと思ったもの、ほしいと思ったものをその場で買えるようにお仕事をがんばっています。**

ほしいものは手に入れたいじゃないですか。

自宅には、服だけの部屋があります。

お店で着るドレスは、基本的に自前ですが、モデルをやっているブランドのドレスが多いかな。

ドレスも下の子にけっこうあげたりします。

常時ロッカー四つ分、五〇着以上は持っています。

結局、同じようなものばっかり買ってしまうし、同じようなものばっかり着ちゃうんですけどね。

3. マネジメント

キャスト兼ディレクターをやってみて感じたこと

これまでは自分のことしか考えずにやってきたので、マツエクサロンの経営とFOURTY FIVEのディレクターも、その責任を担うことで、人のこと、人のためにどうしたらいいかを考えるようになりました。

この子はどうしたら喜ぶかな、この子はこうしたらもっといいのになとか、相手の立場になって考えられるようになった。

自分でも大人になったなと感じます。

それがいまは楽しいですね。

相談されて、アドバイスをするのですが、私ってわりと特殊な感じなので、模範解答に沿ってキャバ嬢をやってきていないから、「私の場合はこうだったけど……」という言い方になる。

私の場合はこうだったけど、一般的にはこっちのほうがいいよ、みたいに両方教える感じです。

「私はこういうときはこうしてきたけど、このほうがあなたに合っているかもしれない」

とか、実際にお客さまを見て、

「あの人ってこういう感じじゃない？　じゃあこっちのほうが合ってるかも」

とか。

一応、こういうお客さまにはこう対応したほうがいいという暗黙の了解事もあるんです。

たとえば、**メンヘラにはメンヘラで返す**とか。

ちょっとウザいタイプのお客さまには、私の場合、素直に「ウザ」って言っちゃうときもある。

つけ入られるスキを作らないっていうか。

でも、スキを作らなさすぎると、

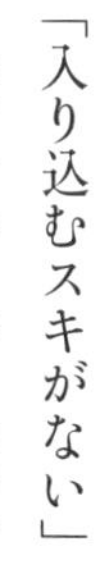

「入り込むスキがない」
ってなっちゃうので、それもダメ。
こういうときにはちょっとスキを作る、とか。
そういうのって嗅覚も必要になってくるんです。

私にはたぶん「この人太そう（おカネをいっぱい遣う）」っていう嗅覚がある。

でも普通はないですよね。
そこをどうやっていくか。
実際、質素な格好しているけどめちゃくちゃ派手に豪遊する人もいる。

これはちょっとひどい話になっちゃうけど、おカネがある人はおカネを出せるけど、おカネのない人にどう遣ってもらうか。

3. マネジメント

じつは、**おカネを作らせるやりかた**もあるんです。

具体的には、その人の生活を管理しちゃう。

何にいくら遣っているかを書き出し、ムダを省いてもらう。

私たちとしては一万円でも多く遣ってほしいじゃないですか。

そうするには、タクシーを使わせないとか。

「いや、そこ電車乗ってよ！（笑）」

って言ったり。

私はけっこうズバズバ言っちゃうほうですね。

妻子持ちの方は難しい部分もありますが、お客さまのお財布事情をくわしく聞いちゃいます。

お客さまの家計簿をつけたり。

意外と嬉しそうな人もいるんです（笑）。

お客さまには、私のことを応援してもらうようにしていました。

いまは「殿堂入り」してしまったのでランキングはないですが、ランキング争いをしているころは、

「一番じゃなきゃ意味がない！」

って感じの勢いでやっていた。

それをお客さまと一緒に目指す感じでやっていた。

私が一番じゃなくてもいいの？　っていうスタンス。

「お店に来て」って言うことはあんまりせず、「今月も一緒にがんばろうね！」って感じでやってたかな。


あと、お店のなかで全力を尽くすタイプでした。

同伴がすごく苦手で、アフターはビゼ、セリュックスくらいまでは一生懸命がんばって、一日五件とかやってました。

一日一〇組お客さまを呼んで、五組アフターに行ったりもざら。

お店の営業終了後にアフターをハシゴするんです。

Aさん三〇分、Bさん一時間……って感じで。

「ご飯」→「飲み」→「ご飯」という流れや、「オカマバー」→「サパーオカマバー」→「サパー（クラブ）」みたいな流れもありました。

当時は、

「響ちゃんは売れてて忙しいのに、三〇分だけでもアフターに来てくれてありがとう」

とよくお客さまから言われていた。

卓もしょっちゅう被っていたので、応援してくれる人がたくさんいてくれたと思います。

いまじゃ考えられないアフターの力の入れようですけど、当時はがんばってたんです。

みんながどういうふうにしているかはわからないけど、自分はこうしてました。

言い方が悪くなりますが、人に興味がないんです。

お客さまに対してもマジで興味がなかったんですが、**自分が人に対して壁を作ってしまうぶん、どう距離が近くなれるかなって考えたときに、一つでも相手に興味を持ってみよう**、と思った。

それこそ、

「その服どこの？」

とか、そういうところから話が拡がることもある。

何か一つでも興味を持ってやろう、と思ってやってました。

相手に興味を持つことで、仲良くなるきっかけになり、仲良くなることで応援してもらえるようになる。

「色」（色恋営業）でやっちゃえば早いんですけど、それだと寿命が短い。でも、「色」でやったほうが、大金を遣ってもらいやすい場合もあったかな。

それよりも、仲良くなって応援してもらうほうがいいよね。

最高売り上げは、二〇一八年のバースデーイベント三日間で一億三〇〇〇万円くらい。

経営者として

マツエクサロン（「Eye Sound」）でのスタッフの面接は、先に店長が行って、最後にフィーリングを見るようなかたちで私も面接します。

技術的なことはくわしくはわからないので店長に任せ、私は、第一印象や喋り方、人の目を見て話せるか、はきはき喋れるかといった接客における大事な点を見るようにしています。

社長に対してできないことが
お客さまに対してできるわけがないですからね。

ありがたいことに、スタッフの応募はよくいただいています。

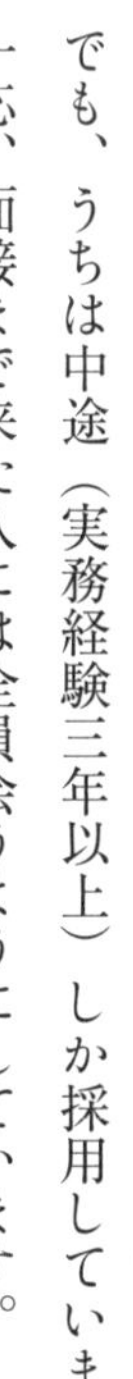

でも、うちは中途（実務経験三年以上）しか採用していません。
一応、面接まで来た人には全員会うようにしています。
ただし、書類の段階でかなり絞っている。
現在のスタッフは五人。

もちろん、人を束ねるって難しいじゃないですか。

なおかつ、私は女で、相手も女です。

職種は違えど、対女性は難しいです。

マツエクサロンの社長は、自分自身アイリストをされている方も多いと思うんです。


でも、私は二足の草鞋（わらじ）を履いてやっている。

なので、そういう意味では、最初はスタッフたちも「キャバ嬢だし」って、思ったこともあったと思うんです。

社長はキャバ嬢だしな……って。

3.
マネジメント

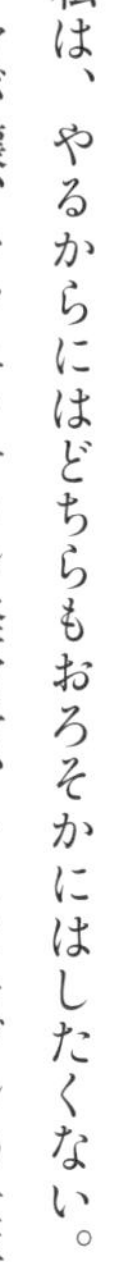

私は、やるからにはどちらもおろそかにはしたくない。

キャバ嬢、マツエクサロン経営者、そこにモデルの仕事もある。

ぜんぶを完璧にこなすのは、本当に労力を使うことだし、難しいこと。

いまでも、自分では完璧にできているかわからないのですが、できるだけ完璧に近くありたいと思っています。

技術的なことには口出ししませんが、打ち合わせなり、おカネの面であったり、アイリストじゃなくてもわかるレベルのミスについてはちゃんと言っています。

接客も徹底するようにアドバイスしています。

そうしているうちに、絆が強くなっていったと感じています。

ただ、注意のしかたは難しいなって思います。

がむしゃらに叱ってもよくないし、対女性だからというのもぶっちゃけ気を遣う面もある。

自分がもし雇われている側だったら、こう言われたら納得できるな、とか、こう言われたら改善しようと思えるな、みたいに自分に置き換えて話すようにしています。

褒めながら、ときに厳しくって感じなんですけど、その塩梅は難しいですね。

何かの本で、

「社員は家族じゃない」

って書いてあるのを読んだんです。

だいたいの経営本って、

「社員は家族だ！」

って言ってるじゃないですか。


でも、社員は家族じゃないっていうのを読んで、納得したことがあったんです。

寄り添いすぎてもよくないし、親だったら干渉しすぎたり手を焼きすぎたりもするじゃないですか。

もちろん、社員のことは一番に考えるけど、それぞれに自立してほしいから、

3.

マネジメント

「私はこう思うんだけど、アナタはどう思う？」

って自分の意見を言ってもらうようにするのは大事にしています。

そのなかで自分が間違っていることがあれば謝るし、相手が間違っていると思ったら、相手が腑に落ちるように説明しています。

「ただ言うことを聞かせる」のはよくないじゃないですか。

そこもまだまだ難しい。

キャバクラで働いていると、本当にいろんなお客さまに会うので、、

「こういう場合はどう接したらいいの？」

と、サロンのことを相談する機会も増えました。お客さまに教えてもらったことを活かしながらやっています。


それと、FOURTY FIVEのプロデューサーでもある愛沢えみりさんにはすごく相談しています。

同じ経営者ですし、キャバ嬢としても経営者としても成功している先輩。

だからこそ、どうやっているのかを聞くと勉強になります。

〝ビジネスフレンド〟ってよく言われますけどね。

もちろん、ビジネスフレンドでもあると思いますが、それ以上の付き合いがある。

仕事じゃない話もたくさんするし、もちろん先輩なので一生敬語は敬語だけど、距離があるから敬語なんじゃなくて、リスペクトを込めてずっと敬語を使っていま す。

経営者の先輩として、えみりさんは私では思いつかない答えを返してくれることも多いんです。

人って、性格に〇〇型ってあると思っていて。

たとえば、コツコツ型とか。

えみりさんはいい意味で世渡り上手で、要領がいいと思うんです。

私は、わりと直感タイプだから、えみりさんとは考え方がぜんぜん違う。

えみりさんはどちらかといえば、慎重派だと思うんです。

だからこその答えもある。

3.

マネジメント

私は直感を信じて突き進むので、失敗もある。

でも、失敗しても自分が直感で決めたことだから、別に後悔もないし、しょうがないって思える。

性格の違いだと思うんですが、だからこそ、相談したときにいい答えが返ってくる。


人を雇う、人を動かすってことはまだまだ勉強だなと思っています。

自分もいろんなサロンに行ってきた経験や、自分が接客業をやっているからこそ、こうしたほうがいいのにな、こういうふうにするといいなって思うので、それを取り入れたりしています。

キャバクラの接客は特殊だし、ヘンな言い方ですが、私だから許されている面もある気がします。

でも、マツエクはそうはいかない。

基準を自分じゃなく、一般に置き換えるのがすごく難しかったですね。

自分も施術してもらいに行くと、アイリストの接客を見て上手だなって思いながらやってもらっています。

言葉遣いなど、接客のかたちは私も見ていますね。

接客をしっかりやるのは私のこだわりのひとつ。

マツエクサロンのこだわり

「Eye Sound」では、ソファ（ベッド）にこだわっています。

長時間寝た状態になるので、疲れないものにしています。

あと、うちは技術が自慢です。

それと、脱毛などエクステ以外のオプションメニューを充実させています。

私が面倒くさがりだから、一度にいろんなことができたらいいなって思ってはじめました。

ほんとうは、マツエクしながらネイルもできたらいいなって思ったんですけど、けっこう難しいみたいです。

動いたりするし、衛生的にも難しいのかな……。

でも、いずれそういうメニューも出したいなって思います。

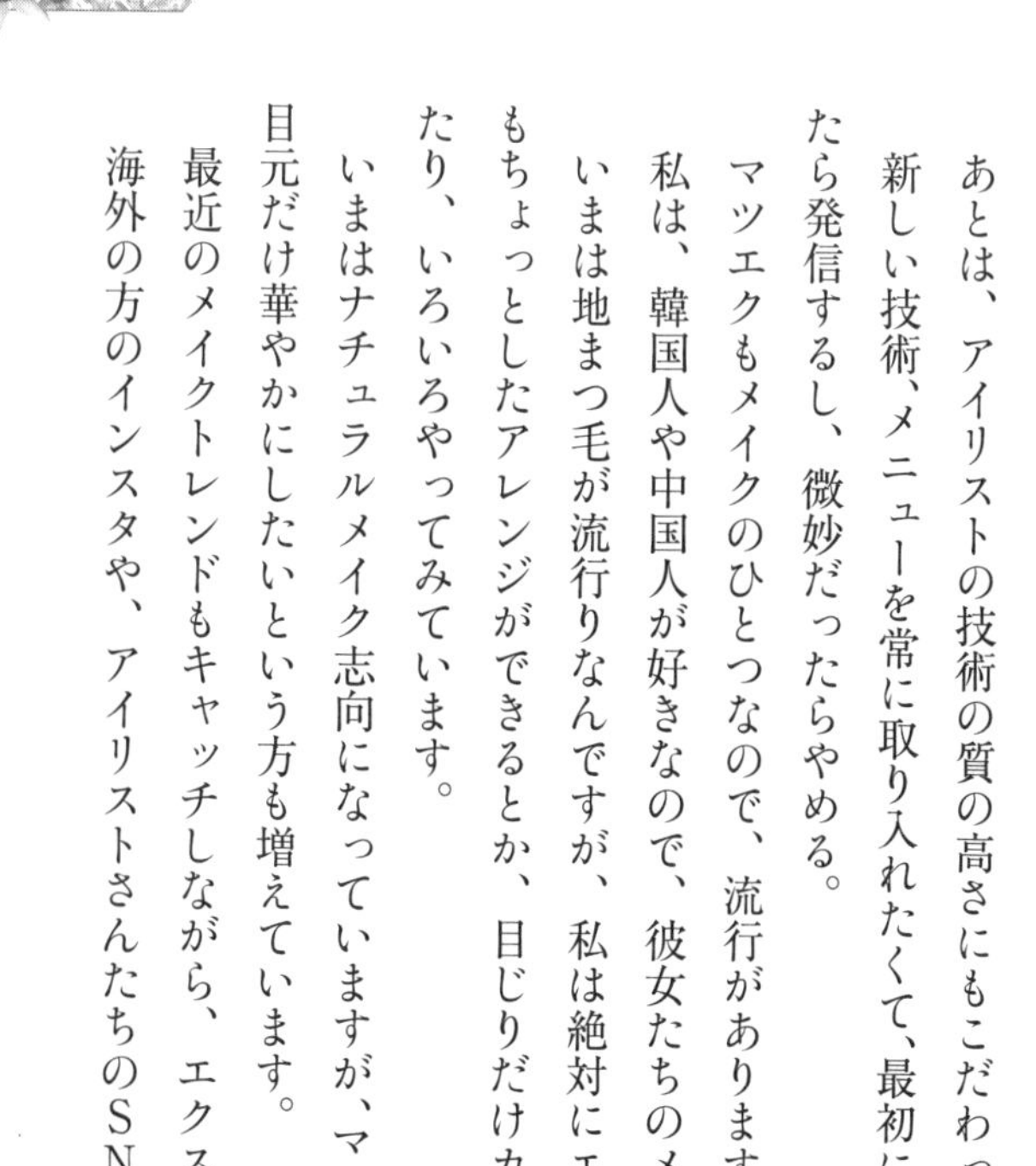

あとは、アイリストの技術の質の高さにもこだわっています。

新しい技術、メニューを常に取り入れたくて、最初に自分で試してみていいと思ったら発信するし、微妙だったらやめる。

マツエクもメイクのひとつなので、流行があります。

私は、韓国人や中国人が好きなので、彼女たちのメイクをよく見ています。

いまは地まつ毛が流行りなんですが、私は絶対にエクステ派だから、エクステでもちょっとしたアレンジができるとか、目じりだけカラーエクステで色を変えてみたり、いろいろやってみています。

いまはナチュラルメイク志向になっていますが、マスク生活が続いているせいか、目元だけ華やかにしたいという方も増えています。

最近のメイクトレンドもキャッチしながら、エクステメニューを考えています。

海外の方のインスタや、アイリストさんたちのSNSを見たりもしています。

あとは、美容にくわしい友人がいるので、そういう人たちが、

「これまだ東京にないらしいよ」

って教えてくれる。

それを聞いたら、わりとすぐ取り入れるようにしています。

4.
恋

どんな男性がタイプですか？

見た目に関するタイプはあまりない。
中身でいえば、自分をちゃんと持っている人。
自己主張が激しすぎない人。
「俺が、俺が」
って感じの人は嫌かな。
あと、何考えてるかわからない人にも魅かれます。

お客さまとして出会って、つき合ったこともあります。
むしろ出会いがそこしかないですからね。

つき合うのはもちろんアリだし、お店に来てくれている人ってもともと自分に好

意を持っている人だから、ぜんぜんいいと思う。


男性に求めるものとしては、最低限の清潔感は必要だと思います。

それに私は一目惚れとかもない。

徐々に徐々に相手のことを知っていくうちに、好きになると思います。

逆に、最初のほうはいいなと思っていたけど、相手を知るうちに、

「ないわ」

ってなることも。

最初は「ナシ」だったのが、つき合いが長くなるうちに、

「いいかも」

ってなることもあります。


けっこう、相手の不意な発言を気にするタイプなので、

「そういうこと言っちゃうの。じゃあ無理」

ってなることもあるし、その逆もある。

女性同士だと、本当に仲良くなった子、関係の深い子に対しては、直接、
「そういうのは言わないで」
ってはっきり言っちゃう。
男性だと、動作や言葉がよくも悪くも響きますね。

悪口をずっと言う人は嫌。

みんなに優しいのは嫌って言う子もいるけど、私は、私の周りにもよくしてくれる人がいいですね。

心が広い人がいい。

私は子どもっぽい性格で、ワガママなところもあるから、そういうのを受け止めてくれる人がいたらいいいな（笑）。

恋愛をするとどんなキャラになりますか？

変化はあまりないと思うけど、自分からドンドン踏み込んでいけるタイプでもないんです。

告白もできない。

「この人好きだな」

って思っても、自分からは言わず、告白してくれるように仕向けるかな。

でも、これでけっこううまくいくんです（笑）。

ただ、ハードル高いところにはいかない。

「チョーモテモテ！」って人にはいかない。

基本面倒くさがりなので、
「勝ちとってやるわ！」
みたいなのはない。
たとえば、結婚しているのがわかったら身を引いちゃいますしね。

恋人とケンカをすることはありますか？

怒ったときは黙って無視する。

言い合うのが面倒くさい。

嫌なことされても、いっさい言わない。

「察して」って感じ。

それで気づかないならもういいやって。

性格悪いけど、「隠し玉」みたいに持っておくタイプ。

たとえば、相手が他のキャバクラに通っていたとします。

でもそれが発覚したときには言わないで、いつか何かあったときの隠し玉としてとっておく。

逆にこっちが詰められたときに言うみたいな。

性格悪いタイプなんです（笑）。

ウソをつかれるのが嫌。

他所のキャバクラに行かれるのも、あまりいい気はしないけど、

「行きたきゃ行けば」

って感じ。

もしそういうことをするのであれば、ちゃんと言うか、隠すなら墓場まで持って
いってほしい。

「バレたときにどうなるかわかってやってるよね？」

って。後ろめたいことがあるならバレないようにやってほしいですね。

束縛もしたくないし、されたくもない。

自由に生きたい。

恋愛で悩むことはマジでない。

4.
恋

悩んでいる子もいるけど、もったいないですよ。

悩むくらいなら次に行けばいいのに。

彼氏から連絡が来ないとき？　彼氏なんだったら、電話します。

「何で連絡しないの？」

って言う。

連絡して当たり前、じゃないですか？

つき合っているかいないか、曖昧な関係のときには、つき合いたいのであれば、一途だよって相手にわかるように誠意を示す。

自分自身が微妙な感じだったら、微妙なままでいるかも。

あえてそこで踏み込んで、相手が、

「つき合う気はなかった」

ってなったら傷つくし、自分が微妙なら微妙なままでいいやって思っちゃう。

恋人との関係を良好にするために

隠し事はしないようにする。

されて嫌なこと、嬉しいことはぜんぶ伝える。

つまり、**自分の「取扱説明書」のようなものを渡しちゃいます。**

私、けっこうワガママだから、いい彼女ではないと思うんです。

相手にしてあげたい精神よりも、してもらって私が喜んでる姿を見て喜んでくれる人のほうが多い。

きっと女性はそのほうが幸せだと思います。

なかには尽くしちゃう子もいるけど、尽くされてるほうが幸せだと思います。

自分が彼氏に尽くしているのに、連絡があまりなくて放置されたら、冷めません？

でも、

「してあげたのに」

っていうのも違うかな。

無償の愛もあるわけで、自分がしてあげたのであれば、それは置いておく。

自分がしたことをダシに使うのは、男女ともにダサいと思う。

「こんだけしてやったのに!」って
いうのは格好悪い。

もし私が彼氏に「これだけしてあげたのに」って言われたら、「え?」ってなるし、
究極、そんなこと頼んでない、ってなっちゃうかな。
自分のなかで、「してあげてる」ってなるんだったらしないほうがいい。

🦋メンヘラ製造機

けっこう、「メンヘラ製造機」って言われるんです。

男の人を病ませちゃう。

私ってサバサバしているというか、男っぽいんでしょうね。

「死ぬ」って言いながら包丁を持ってお風呂場に閉じこもった男の人もいたし、別れたのに知らない間に合い鍵を作られてて、自宅に勝手に入られて警察を呼んだこともあります。

家を知られているから、夜逃げみたいに家を替えたこともあります。

相手が旅行に行っているあいだに引っ越して、住所がわからないようにしました。

私は引きずらない性格ですが、相手に引きずらせちゃう。

つき合っている相手に対して冷めてくると、態度に出ちゃうから相手も気づいて

いるはず。

だから余計に相手もしがみつくんじゃないかな。

悪いのは、自分から別れを切り出すのではなく、相手に言わせたいところがある。

ぜんぶ相手に任せちゃう。

結婚願望は一応ありますが、何歳までに、っていうのはない。

タイミングじゃないですかね。

5.
新型コロナの逆風

自粛生活

二〇二〇年の四月からしばらくは、新型コロナウイルスのためにFOURTY FIVEも店舗での営業を自粛していました。

コロナ禍の状況は、びっくりしましたね。

でも私って、仕事は好きなんですけど、家にいるのも好きだから、ぶっちゃけ自粛は苦じゃなかった。

ただ、当初は一ヵ月くらいの予定だったもの（緊急事態宣言）が延長になったので、

「このままいくと引き籠もっちゃう！」

って思った。

自粛生活自体は苦じゃなかったし、むしろ、いままで突っ走ってきていたのでいい休息になったと思います。

5.

新型コロナの逆風

でも、この仕事が好きなのか、「早くキャバ嬢したいな」「撮影したいな」なんて思うようになりましたね。

キャバクラの仕事もそうだし、撮影もぜんぶなくなってしまったから。

自分のこともですが、ニュースを見ているといろんな情報が入ってきて、それにいちばん驚きました。

亡くなった方のお話や、新型コロナの影響で生活ができなくなった人がいるって聞いて、とても衝撃を受けました。

私にはありがたいことに、新型コロナの経済的打撃がほとんどありませんでした。

むしろ、

「お互い大変だけど、お店が再開したら会いに行くね」

って言ってくれる優しいお客さまばかりでした。

ただ、地方からのお客さまも多かったので、そういう方は東京に行きたくても行

けないって状況でしたから。

それでも地方からのお客さまは、オンラインキャバクラに来てくださいました。

オンラインキャバクラをやって感じたこと

お店で接客するのとはぜんぜん違いました。

オンラインキャバクラは、カメラを通してお客さまと対面するかたちになるのに対して、私のふだんの接客方法って、雰囲気勝ちというか、自分のちょっとした間とか動作なんかで取り持っている部分があるんです。

たとえば、実際の接客時に、「響、つまんないな」って思われていたとしても、それを感じ取って盛り上げたり、ニコッと笑いがけてみたり、愛嬌を振りまいて乗り切っているところがありますが、オンラインではそれが難しい。

それに、お店での接客だとボーイさんや周りの女の子も助けてくれるけど、オンラインはそれができない。

体力も使うし、頭も使いました。

逃げ場がないし、ずっと見られているわけです。
ある意味、接客を見直すきっかけになりました。

はじめて会いに来てくださった方も多かったです。女の子や海外在住の日本人の方、ご夫婦で応援してくださっている方とか、いろんな方が来てくれました。

いい経験だなとは思ったけれど、けっこう大変でしたね。
しゃべるタイミングとか、同時にしゃべってお互いに「え？　え？」ってなったり（笑）。

隣にいたらなんてことないはずなんですけど、間が難しかったですね。
あと、ずっと見られているから、「大丈夫？　今日疲れてる？」とか、「いいことあった？」とか、心境の変化を気づかれましたね。

オンラインキャバクラには、一一〇組以上のお客さまが来てくれました。リピー

5.

新型コロナの逆風

トしてくれる方がめちゃくちゃ多くて、リピートも合わせた組数でいえば二〇〇組くらい。

ふだんだと、何組もお客さまが来てくださるので時間が被ったりもします。他の卓に「ちょっと行ってくるね」と移動する際も、お客さまからは「忙しいんだね、がんばってね」と言ってもらえて、スムーズな感じで移動できます。

オンラインでは、私は三〇分ごとの料金設定だったのですが、予約が立て込んでいたので三〇分のあいだに三組くらい被っていました。

なので、三〇分ずっと同じ人とつないでいるわけにもいかず、結局オンラインでもお客さまのところを行ったり来たりしなければならない状態でした。

私が抜けたら、ヘルプしてくれる女の子がいるのですが、抜けるときの感じがちょっと難しかったです。

オンラインだから、お客さまごとに画面の切り替えを行うんですね。いったん切って、ふうって一息ついて、また別のお客さまのところに、

「ただいまー！」

って戻る感じです。

ふだんやらないことなので、けっこう難しかったですね。

五月末ごろから店舗営業が再開されたので、オンラインキャバクラはごくたまにしかできなくなってしまいました。

でも自粛期間中にみなさんオンラインでも来てくださって、ありがたかったですね。

コロナ禍に関係なく、地方に住んでいてなかなか歌舞伎町まで行けないっていう女の子も多かったですし、子どもが産まれたばかりのママさんとか、夫婦で来てくださる方、未成年の方もいました。

オンラインでは、いつも通り身振り手振りのアクションも入れて接客してたら、携帯に当たって画面がぶれるなんてこともあったり、やっぱり勝手が違うなっていうのはあったかな。

オンラインでもいっぱいシャンパンを入れてもらって、オンラインだけで四〇〇〇万円くらいの売り上げでした。

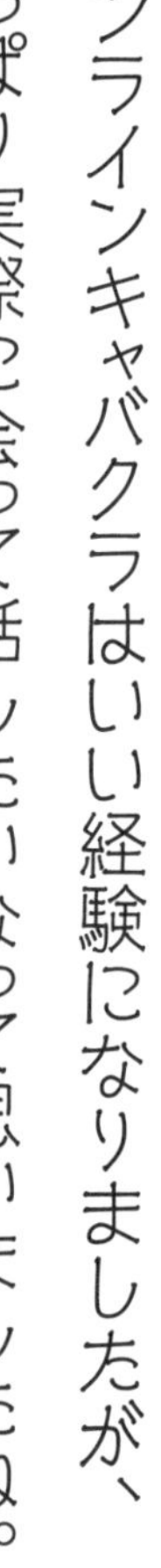

オンラインキャバクラはいい経験になりましたが、やっぱり実際に会って話したいなって思いましたね。

「夜の街　歌舞伎町」が矢面に立たされて

新型コロナの感染者が増えて、歌舞伎町が「目の敵」のようにされて、悲しいし悔しかったけど、仕方ないんじゃないかなってところもあります。

だからこそ、日ごろの行いをよくするというか。

こういう言い方は卑怯かもしれないけど、マイナスイメージを持たれている人がちょっとでもいいことをしたら、いい人になるじゃないですか。

ちょっとでもいいことをしていけば、ある意味イメージアップもできると思う。

私たちががんばることで、好感を持ってくれる人もいる。

ドレスにマスク姿で接客して、検温、消毒も徹底していました。

新宿区の新型コロナ対策連絡会にも出席させてもらいました。

5.
新型コロナの逆風

お店の社長に一緒に行こう、と言っていただいて出席したのですが、連絡会では、新宿区がどういう取り組みをしているか、今後どうしていくか、いまの状況を区の方が説明し、それを聞いて意見交換をしました。

ホストクラブ、キャバクラだけではなく、居酒屋、バー、スナックなどの飲食店関係者も出席していたのですが、

「大型店舗は従業員にＰＣＲ検査をしてくれるけど、小さなお店はコロナ患者が出てからじゃないとしてもらえない」

という意見もあったりして、複雑な気持ちになったのを覚えてます。

私も一度濃厚接触者になったので、ＰＣＲ検査を受けました。

二回受けて、結果はどちらも陰性。保健所から来てください、と言われたら無料で検査してもらえるけど、自分で受けたいとなると多少なりともおカネがかかるので、そこは「どうなんだろうな」って思いました。

二〇二〇年の緊急事態宣言明けのころはすごく敏感になっていて、一日に何回も

手洗い、うがい、消毒をし、手がカピカピに乾燥していました。

でも徐々に新型コロナのこともわかってきて、いまとなっては、「ウィズコロナ社会」になってきていますよね。

自粛期間中は、コンビニ、スーパーも週に二～三回くらいしか行かず、ずっと家に閉じこもっていましたね。

食事は、出前や自分の家にあるものでなんとかしていました。

キャバクラを辞める子も多かったと聞いています。

でも私は、キャバクラが好きだから絶対に辞めたくなかった。

今回の件で、新宿区、夜の街が一致団結した感じはありますね。

みんなでがんばろうって。それに、たいへんな時期におカネを遣ってくださる方にはよりいっそう感謝です。

そうはいってもFOURTY FIVEはおかげさまで恵まれていたほうで、まったく

5. 新型コロナの逆風

お客さまが来ないってことはなかった。

女の子みんながんばっていたおかげだと思います。

一時期は、「歌舞伎町に行くな」ってやたら言われてましたからね。

でも、もともと歌舞伎町ってあまりクリーンなイメージではない街だから、仕方ないとも思いましたね。

ただ、小池百合子都知事が「夜の街」「夜の街」って連呼していたときには、

「夜の街ってどこでも一緒じゃん！」

って思ったり……。

「何で歌舞伎だけなの？」

たしかに働きはじめた当初は歌舞伎町ってちょっと怖かったけど、私はそこまで物怖じしないタイプ。

実際に働いてみたら、別に歌舞伎町も六本木も変わらない気がする。

人の密度は高いと思いますけど。

だからこそ、悪いことをしたら
だれかが見てる、そんな街なんです。

ウィズコロナの日常

自粛期間中に、料理もやりはじめたんです。

でもキッチンが大変なことになっちゃったので、もうやらなくていいかな。

もともと料理は好きじゃないので、料理を楽しんでやっている人はすごい。

片付けが面倒くさすぎるんですよね。


ふだんは昼過ぎに起きることが多く、朝早くに起きることは少ないのですが、自粛期間中はほんとうに規則正しい生活をしていました。

「キユーピー3分クッキング」とか、料理番組を見て、

「これ作ってみようかな」

ってやってみたりしました。

ちなみに、道具はちゃんと揃ってるんです。

かたちから入るタイプなので。でも料理をやったのは、数年ぶりでした。

基本的には同伴で外食、仕事終わりも外で食べて済ませるし、朝起きたら出前を頼んでいるので、そもそも料理をする機会がないんです。

食事はしっかり三食摂ります。

見た目からよく、「ちゃんと食べてる？」って心配されますけど、しっかり食べてるんです。

なかには、インスタにやることなすことぜんぶ載せる人もいますが、私は載せていることがすべてじゃない。

インスタに載せていない間に、ちょこまかちょこまかいろんなところに行って動いたりしているので、知らないうちに運動しているのかも。

それから、好きな食べものが和食なので、知らず知らずのうちに太りにくいもの

を好んで食べている。

お洒落なカフェとかもあんまり行かない。

女子は、「パフェ食べに行こ～」って言ったりするじゃないですか。

でも私パフェ食べられないんです。

あと、ひとりで外食できないんです。

ビビりだから無理なんです。

もしひとりでお店に行っても、お持ち帰りしちゃいますね。

お持ち帰りするなら、お弁当、中華とか、ご飯もの。

小麦でできたパン、ピザ、パスタはほとんど食べません。

それと、一日にめっちゃ水分を摂ります。

家にいるときはお水、外に出たらお茶、たまにコーラ。

カクテルは飲めない。

お水は一日に五〇〇ミリリットル×五本は飲んでると思う。

でも、昔は水が飲めなかったんです。

味がないから。

水が飲めるようになったのは、二五歳くらいから。

水を飲むようになったのは、美容のためでもあります。

お友達から、「水を飲まないのはよくない」って言われて、むりやり飲むようになりました。

でも、いつしか飲めるようになって、いまでは一日二リットルは余裕。

あと、お水は必ず常温です。

6.
ミステリアス ヒビコ

SNS（インスタグラム・ツイッター）をやるうえで、心がけていること

面倒くさがりだから、あまり自分からこまめに発信しないんです。

心がけていること？　とくにないかもしれない。

「フォロワーをどうやって増やしたの？」

ってよく聞かれるけど、増やそうと思ってがんばったわけではなくて。

面倒くさがりやだから、できるだけ毎日ストーリーはあげる。

ツイッターは放置しがちですね～。

インスタの投稿も、一週間に何個かはがんばってあげよう！　とは思っているけど、あげる時間帯を気にしているくらいで、とくにそれ以外一生懸命やっていることがないので、マジでタメにならないっていう。

6.

ミステリアス　ヒビコ

ズボラだからこそ、やれることはがんばろうって。

ズボラにしてはがんばっているほうじゃないかな。とくにインスタ。ストーリーはあげる時間帯は気にしていないけど、投稿は二〇時から二一時くらいにあげるようにしている。

アカウントから、自分のフォロワーが何時ごろにいちばん多く見ているかがわかるんですが、そのくらいの時間に見てくれている人が多いので、その時間帯にあげるようにしています。

インスタから入って、お客さまとしてお店に来てくださることもめちゃくちゃあります。

でも私、DMとか見ないので、

「DMしたのに！」

ってよく言われます。

コメントもあまり返さないから、申し訳ないなとは思いつつ……。

それに、アンチもいるからあまり見ないほうが幸せ。

見ないほうが幸せなことってあると思うんです。

それこそ、DMで「死ね」って送ってくる人もいるだろうし。

それに対して返答すると相手の思うつぼなだけだと思う。

「死ね」って言われたところで、はあしんどい、とは思わないけど、わざわざそのアンチなメッセージを見に行く必要もないかなって思います。

掲示板も興味がない。

だから、私を好いてくれている人に対してはありがたいなと思うんですが、私って「塩対応かな?」って自分でも思ってます。内心では、とても喜んでるんですけどね。

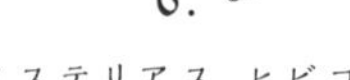

6.

ミステリアス　ヒビコ

いまはわりとありのままに近いと思ってます。

なかにはキャラを確立させている子もいるけど、それってとてもすごいなって思います。

でもそれは私にはできない部分。

ただ、素でいすぎるのもそれはそれでどうかと思うので、キャバ嬢としての言葉遣いや心遣い、気遣いは心がけていますが、キャラ作りとかはあまりしていない。

もともと、人に壁を作りやすい性格なんです。

変わっているね、ってよく言われるんですけど、人に言われてはじめて、「私って変わっているんだ」

って。

変な部分がたぶんあるんでしょうね。

私って喜怒哀楽があまりぶれないというか、喜んでいるのか、悲しんでいるのか、怒っているのかがよくわからない、ってすごく言われるんです。

感情が一定なんでしょうね。

怒ったら黙るし、悲しくても人前でワンワン泣かないし、嬉しくても極端な、

「ありがと〜〜‼」

みたいなのができない。

内心めちゃくちゃ嬉しくても、ローテンションな感じなんです。

インスタの画面でしか見たことがない人には、

「クール」

「ツンとしている」

とか言われますね。

「真顔で道を歩いているのを見たけど怖かった」

と言われたこともある。

でも、喋るとぜんぜん違うとも言われます。

ありのままの私を好いてもらえたらいいなって思ってます。

努力を努力と感じない

何事にも気にしなさすぎる性格なんでしょうね。

だからこそ、メンタルが強いのかもしれない。
悩むこと、病む（落ち込む）ことはあるけど、次の日には持ち越さない。

最近はぜんぜん落ち込んでないけど、悩むときはあります。
それこそ経営しているマツエクサロンのことではけっこう悩んだし、大変でした。
キャバクラで死ぬほどがんばったことってあんまりないんです。
努力を努力って感じない人間なのかもしれない。
でも、何もせずにここまで来れたわけではないです。
「私ってチョーがんばったな」って思うわけでもない。

学校のテストも一夜漬けで乗り越えるタイプで、コツコツやるほうじゃないんです。

昔から、やればそこそこできちゃうって感じでした。

キャバクラもそういう感じで、ラッキーも多かった。

それこそ、道を歩いていて、

「どこのお店？」

って声を掛けられて、お店を教えたらほんとうに来てくれて一〇〇万円遣ってくれた、とか。ふつう、道でお店を聞かれて答えても、ほとんどの男の人は来ないんですけど、私の場合はそうしたラッキーが多々ありました。

マツエクに関しては、ほんとうに一からひとりでやったんです。

お店の社長やえみりさんにはたくさんアドバイスはいただきましたが、基本的にはだれの手も借りず、事務的なことから自分でやってきた。

めちゃくちゃ恥ずかしいけど、「福利厚生」って言葉すら知らなかったんです。

自分でマツエクサロンをやりたいと思い、福利厚生って何？　という低レベルな位置から勉強してスタートしたんです。

それでも、もっと早くからはじめていればよかったなと思うこともありました。

でも、面倒くさがりやの性格が勝ってしまって、なかなか手をつけられずにいました。

意欲や向上心がある人は、思い立ったらすぐ動き出すけど、私は、

「やりたいな」

と思っていても、動き出すのに時間がかかる。

失敗しちゃいました

お客さまに対してウソをつきすぎて、そのウソがめくれて、めちゃくちゃ詰められたことはあります。

その失敗をしてから、ウソはよくないと思い、無理なものは無理、できないことはできないってちゃんと言おうと思うようになりました。

それまではけっこうウソをついていたからな……。

小さいことで言えば、

「この後アフターあるの？」

って聞かれて「ある」って答えたんだけど、結局遊んでたのがバレたとか。

大きいウソだと、「実家に帰る」とウソをついて海外に行っているのがバレた、とか（笑）。

6.
ミステリアス　ヒビコ

お客さまからは、

「何でウソつくんだよ」

って。そういうのは正直に言えばよかったなって思います。


なかにはすごく揉めたお客さまもいます。

でも、そのお客さまのおかげで成長できたし、その方とは仲直りして、いまでも仲良しです。

その方とは、

「お前おとなになったな」

って昔話をしてます。

そういう意味では、疎遠になるって意味での失敗はあまりないかな。


バリバリがんばっていた当時は、一人残さず自分のお客さまにしたかったから、一人でも切れたら「はあ～」ってなってた。

いまでは、私も完璧じゃないし、人間同士合う合わないがあるから、あの人と私は合わなかったんだって思って、あまり気にしないようにしています。

切れては新しいお客さまができ、という自転車操業のような感じでやってた。

毎日呼吸するのを忘れるような勢いで生きていた気がしますが、がんばってた証拠かなと。

基本的には、何年後とかを見据えて生きているタイプではなく、明日のことを考えて生きるタイプ。

毎日がむしゃらに、必死に生きていた気がします。

だからこそ、毎日出勤できたのかもしれない。

いまは、何年後とまではいかないけど、漠然とではありますが先の目標を立てられるようにはなってきました。

マツエクサロンは拡大する予定ですし、美容が好きなので美容に関することをし

たい。

韓国も好きで、コロナ禍の前までは毎月行くほどでした。韓国に絡んだかたちで何かお仕事をしたいとも思ってます。

韓国は人も、メイクも、食事も好き。美容施術もとてもいいものが揃ってる。

FOURTY FIVEを離れることはまだ考えていない。

この先どういうかたちになるかわかりませんが、キャバ嬢として働くのは好き。**お酒が好きなわけでもないし、人と話すことが好きでもない私は、もともと向いていないと思ってたけど、自分自身でキャバ嬢を天職にしていった気がします。**

キャバクラは自分の居場所という意味もあるし、キラキラしていていいじゃないですか。

それに、キャバ嬢をしていなかったら出会えていいない人もたくさんいる。これだけ同じことを続けてこられたのもすごいことだと思う。

がんばったことが結果として返ってくるっていいですよね。

もちろんがんばっても結果が返ってこないこともあるけど、ゲーム感覚っぽいところがありますね。

ゲームは大好きで、プレステ、スイッチ、ケータイゲーム、なんでもやります。

新型コロナの自粛期間中はゲームをやる時間もあった。

キャバ嬢しかしていない時代は、お店が終わった後は、アニメ観たり、ゲームしたり、思う存分に自分の時間がありましたが、いまはマツエクサロンや他の業務もあるので減りました。

最近やったゲームは、「あつまれ どうぶつの森」とか。

昔は、ドラクエが出ると何日も寝ずにやってました。

モンハンが発売される際には、みんなが「明日発売だよ」って言ってくるんです。私は、仕事を休んででもやりたくてたまらなくなっちゃうので、

「言わないで！」

って言ってました（笑）。

私、一度ハマるととことんやってしまいたくなるから、ゲームもいったん中断してっていうのがなかなかできないんです。

目標としている人、尊敬している人

だれだろう、パッと思いつかない……。

でも、見ていて飽きない人がいいなって思います。

人に飽きられるのって寂しいじゃないですか。

ずっと有名でいたいってわけじゃないですが、人に興味を持たれるほうがいいですよね。

あとは、楽しい人生を送っている人がいいですね。

自分の好きなことを好きなときにできる人。

そのためには時間もほしいし、おカネもあったほうがいい。

時間をおカネで買えるようになりたい。

そのために、いまがんばるって感じです。

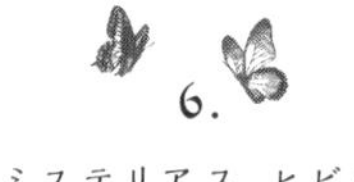

本を作る話も以前からいろいろオファーはあったのですが、断ってきたんです。

唯一無二な感じが好きなんです。


みんなと同じことをやっても……って。

たぶん、めちゃくちゃ負けず嫌いだから、

「勝てないじゃん」

って思う自分がヤだ。

スタイル維持の秘訣とコンプレックスについて

運動はしてないけど、整体に通ったりしています。
日ごろから多動症というか、よく動いているんです。
たとえば、歯磨きしながら踊ったり（笑）。
家のなかにいても、テレビを観ながら足だけパタパタ動かしてたり。
もともと三歳から高校一年生くらいまで、クラシックバレエをやっていたので、
踊るのは好き。

もうちょっと身長がほしかったな。
コンプレックスは正直ありますよ。
ここだけの話、顔の左右のバランスや、おデコの狭さは気になるかな……。

でも、基本、人には言わないんです!!
プラス思考でいるようにしています。

バレリーナヒビコ

小さいころから歌ったり、踊ったりするのが好きで、自分からやりたい、と言ってクラシックバレエをはじめました。

コンクールに出たり、けっこうガチでやってました。

学校も行かずにバレエしてたこともあったし、部活にも入らずバレエをやっていました。

当時の私は、バレエのために生きていたと思う。

ケガをしたことと、ある程度のところで挫折したのでバレエはやめました。

バレエってめっちゃおカネかかるし、自分の才能の限界に気がついた感じですね。

バレエで食べていける人はほんのひと握りで、自分は無理だなって。

6.

ミステリアス　ヒビコ

あとは、遊びたかったんでしょうね。

でも、いまでもバレエを観たり、劇団四季や宝塚を観にいくのは大好きです。

バレエは楽しいことばかりじゃなくて、しんどいこともありました。

そもそも練習も厳しいですからね。

メンタルが強くなったのは、バレエのおかげだと思います。

我慢強さとか、負けず嫌いが強くなったのも、バレエのおかげかな。

バレエをやめたいまは、身体も硬くなっちゃいましたね。

その辺の人よりは柔らかいと思うけど。

でも、右の太ももの裏の筋が伸びてしまって、右脚がピーンと上がらなくなってしまった。

バレエの世界だと一八〇度開脚できて当たり前ですからね。

バレエはやらないけど、いまでも踊ったりするのは好きですね。

ヒビコのルーティン

日曜はお休みなので、基本的には家にいます。

それか、お化粧せずに遊べる友達とご飯に行く。

モデルの撮影がない限り、お休みの日はお化粧しません。


出勤日は決まっていなくて、週に三日から五日出勤しています。


出勤の日のルーティンは、正午から一五時くらいの間に起き、まずマツエクサロンの業務連絡、予約状況のチェック。

その後、犬にご飯をあげ、犬の散歩に行ったり、自宅の掃除をする。

それから、自分のご飯を食べる。

6.

ミステリアス ヒビコ

同伴がある場合には起きてすぐ朝食、同伴がない場合には一七時から一八時ごろに食事するかな。

お風呂に入る、化粧をする。

お風呂を出てから化粧をするまでの間はけっこう「ぐーたら」で、ゲームしたり、アニメ観たりしています。

用意が終わったら、ヘアメイクに行き、二二時か二三時くらいに出勤。

仕事が終わって帰宅したらまず化粧を落とし、ご飯を食べます。

同時に犬にもご飯をあげる。

ご飯を食べ終わったら、ゲーム、アニメ鑑賞。

お客さまに「ありがとう」とか連絡入れたりして、六時か七時ごろに就寝します。

同伴に行くときは、ヘアメイクをやってから行きます。

ぼさぼさの状態でお客さまには会えません。

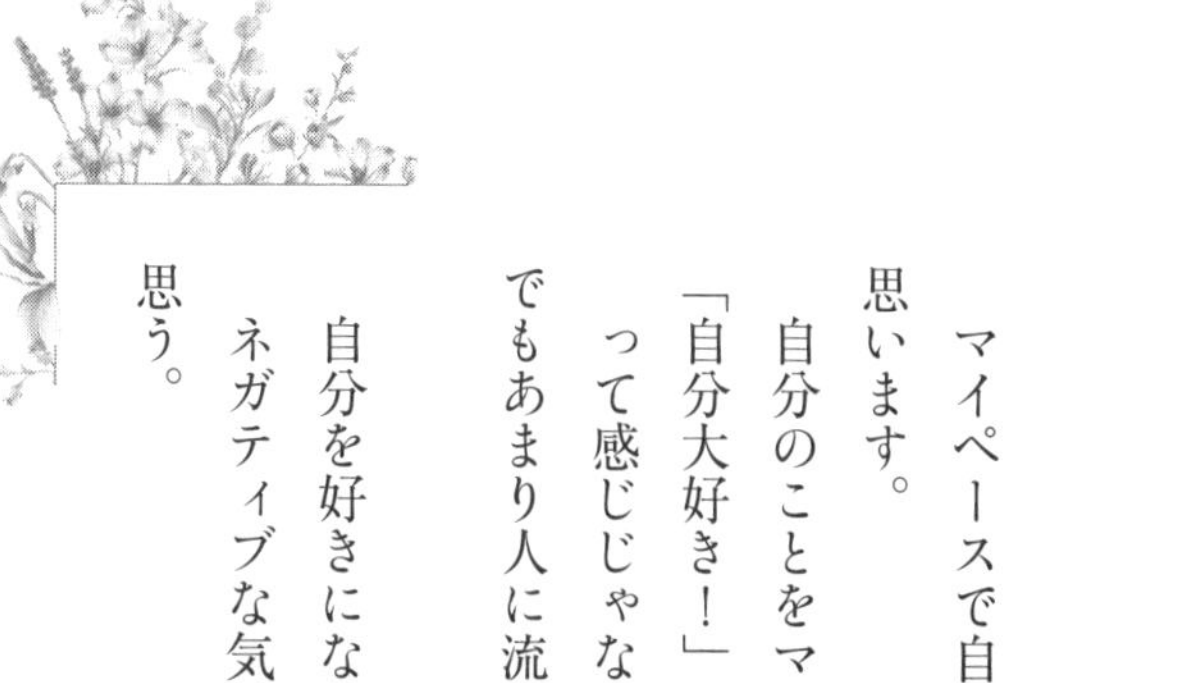

一条響は何者なのか

マイペースで自己中だなとは思うけど、ある意味、自分を持っていていいなとは思います。

自分のことをマイナスに見たことってあまりない。

「自分大好き！」

って感じじゃなくて、もちろん自分のことは好きだけど、いい意味でも悪い意味でもあまり人に流されないいんじゃないかなって。

自分を好きになれない、自分に自信がない人は多いと聞きます。

ネガティブな気持ちで生きていて、幸せなこと、ラッキーなことって絶対ないと思う。

だから、あくまでもプラス思考というか、自分に自信がなくても自信がつくようなことをする。

たとえば、容姿に自信がないんだったら、そこを変える努力をすれば自信になると思うし、性格に自信がないのであれば、少しずつ変える努力、自信につながる努力をしていればそれが自信になると思う。

何もしないで自信がないっていう人は何もしないからだと思うんです。

マイナスな発言はマイナスを生むし、

「今日も幸せ」

ってまず言うことで幸せになれると思う。

だれかが言っていたのですが、

「一日に一〇回ありがとうって言ったり、すべてのことに感謝して生きていると、幸せになれるよ」

って。

私は「言霊（ことだま）」ってあると思っていて、ネガティブな発言をすると、たぶん自分自身が不幸になっちゃうと思う。

だから、私って幸せって思えなくても、今日は幸せだなって思っていると、ラッキーなことは起こると思う。

負のオーラってよく言いますけど、本当にあると思うんです。

私は「ビジネス負のオーラ……ナイショですよ（笑）」は出したりするんですけど、そんなときは、

「大丈夫？」

ってお客さまが心配してお店に来てくれます。

でも、家族が死んだりしたら別だけど、私はそんじょそこらのことじゃへこたれないから。

それと、**自分の自信がなくなるようなことやモノに近づかない、見ない、触れないことは大事だと思います**。

そこをシャットダウンすると、自分のなかを幸せなものだけで満たせるし、自信になると思います。

一条響“ヒビコのヒミツ”

FOURTY FIVE 45

自分のことは進んで語らない
ようにしてきた
ヒビコですが、この本を出す
にあたって自筆で
ぶっちゃけてみました

1 好きな韓国ドラマ：サイコだけど大丈夫

2 世界一綺麗な女性は?：沢尻エリカ

3 ホストってどうよ?：ホストになりたかった(笑)

4 好きな女性芸能人：ファンビンビン

5 好きな韓国コスメ：イニスフリー

6 死ぬまでに行ってみたい場所：モルディブ

7 嫌いな食べ物：みょうが、野菜

8 好きな果物：

マスカット、マンゴー

9 お気に入りのブランド：

Dior

10 自分の身体で好きなところ：首

11 自分の身体で嫌いなところ：おしり

12 ペットに飼うなら：犬

13 嫌いな動物：

羽ついてる虫

14 ダンスのコツ：自由に

15 好きな鍋：辛いやつ

16 好きな寿司ネタ：いか、のどぐろ

17 人を見限るきっかけ：
つじつまが合わない話をされた時

18 好きな景色：夕焼け

19 よく聞く曲：
YOASOBI

20 好きな入浴剤：塩

21 生まれ変わるなら何になりたい：男（金持ち）

22 撮影で意識すること：目をちゃんと開く

23 いちばん好きなテーマパーク：

あんまり行ったこと無い

24 好きなアニメ：

ジョジョ、ハンターハンター、サイコパス

25 ハマったゲーム：ドラクエ

26 一日でいちばん好きな時間：

ごはん食べてる時

27 よく見るインスタ：犬のアカウント

28 占いは信じる?：

いい事だけ信じる

29 好きな季節：秋

30 好きな花：花にあまり興味が無い

31 一条響の名前の由来：

初めて働いた店の人がつけてくれた

32 お気に入りの香水、または香り：Dior

33 もし習い事をするなら何をしたい?：ヨガ

34 生きていくうえで欠かせないもの：

もずくとふわ

35 一番得意なこと：

高いシャンパンを入れてもらうこと

36 最近泣いたこと：泣かない…

37 他人からはどんな性格と言われる?：

The．AB型だねと言われる

38 逆に、意外!と言われる部分は?：

意外にマジメ

39 学生時代得意(好き)だった教科?：国語

40 下ネタはOK?：

まあいいでしょう

41 好きなお菓子：グミ

42 長いことやりたいと思ってるけどできていないことってある?：

24時間寝ること

43 初めてシャンパンタワーしたときの感想：わあ…

44 好きなキャラクター：みにおん

45 好きな言葉：後悔は美徳の春☆ミ

七転び八起き

一条 響（いちじょう・ひびき）

歌舞伎町キャバクラ
「FOURTY FIVE（フォーティファイブ）」
キャスト兼ディレクター。
六本木の超人気キャバクラ店に勤めだし、
すぐに人気を集めるも、
歌舞伎町に移ってから
さらなる「カリスマ嬢」へと大ブレイクを果たす。
年間7億円を売り上げ、
イベントでは一日4000万円は当たり前。
コロナ禍になっても億を稼ぐ、
「ザ・ラスト・キャバ嬢（ラスキャバ）」。
女性ファンからの「かわいい」との
熱いラブコールも絶えず、
インスタグラムのフォロワーは38万人を超える。
キャバ嬢のかたわら、
マツエクサロン「Eye Sound」の経営にも乗り出し、
年商4000万円と堅実な
マネジメント手腕を発揮している。

億女  売上モンスターキャバ嬢一条響のつくりかた

2021年3月1日　第1刷発行

著　者　一条 響
発行者　渡瀬昌彦
発行所　株式会社 講談社
〒112-8001
東京都文京区音羽2-12-21
電話　編集 03-5395-3522
販売 03-5395-4415
業務 03-5395-3615

印刷所　株式会社 新藤慶昌堂
製本所　株式会社 国宝社

ISBN978-4-06-521963-8

お疲れさまでした――!